旅游饭店星级的
划分与评定释义

《旅游饭店星级的划分与评定释义》编写组　编

LÜYOU FANDIAN
XINGJI DE HUAFEN YU PINGDING SHIYI

中国旅游出版社

责任编辑：刘志龙
责任印制：冯冬青
装帧设计：中文天地

图书在版编目（CIP）数据

旅游饭店星级的划分与评定释义 /《旅游饭店星级
的划分与评定释义》编写组编 . – – 北京 : 中国旅游出版
社 , 2010.11（2022.1 重印）

ISBN 978–7–5032–4052–2

Ⅰ . ①旅… Ⅱ . ①旅… Ⅲ . 旅游饭店 – 商业服务 –
标准 – 中国 Ⅳ . ① F719.2–65

中国版本图书馆 CIP 数据核字（2010）第 205744 号

书 名：旅游饭店星级的划分与评定释义

作 者：《旅游饭店星级的划分与评定释义》编写组编
出版发行：中国旅游出版社
　　　　　（北京静安东里 6 号　邮编：100028）
　　　　　http://www.cttp.net.cn　E-mail: cttp@mct.gov.cn
　　　　　营销中心电话：010–57377108，010–57377109
　　　　　读者服务部电话：010–57377151
排 版：北京中文天地文化艺术有限公司
印 刷：三河市灵山芝兰印刷有限公司
版 次：2010 年 11 月第 1 版　2022 年 1 月第 19 次印刷
开 本：787 毫米 × 1092 毫米 1/16
印 张：12.25
印 数：105001–107000 册
字 数：194 千
定 价：32.00 元
Ｉ Ｓ Ｂ Ｎ　978–7–5032–4052–2

编　写　组

组　　长：杜　江

副 组 长：李任芷

成　　员：刘士军　李　原　鲍小伟　徐锦祉
　　　　　辛　涛　王建平　李妮妮　余昌国
　　　　　鲁凯麟　刘锦宏

前　言

国家标准《旅游饭店星级的划分与评定》（GB/T 14308—2010）将于 2011 年 1 月 1 日正式实施。

为配合该标准的宣贯实施，加深对标准的理解，我们组织部分标准修订人员和相关专家学者编写了《旅游饭店星级的划分与评定释义》（以下简称"标准释义"）。

本书主要有以下用途：一是统一理解，"标准释义"对标准各条款作出详细解释，有利于各方相关人员统一理解；二是方便宣贯，"标准释义"可作为星级标准宣贯培训教材，供各级旅游管理部门和饭店企业使用；三是有利实施，"标准释义"增强了标准的可操作性，有利于饭店星级评定人员和饭店企业具体实施。本书也可为饭店投资者、设计者及饭店专业教学人员提供参考。

本书难免有不足之处，恳请广大读者批评指正。

编写组

2010 年 11 月 2 日

目　录

旅游饭店星级的划分与评定

1.1 范围

本标准规定了旅游饭店星级的划分条件、服务质量和运营规范要求。

本标准适用于正式营业的各种旅游饭店。

1.2 规范性引用文件

下列文件对于本文件的应用是必不可少的,凡是注日期的引用文件,仅注日期的版本适用于本文件,凡是不注日期的引用文件,其最新版本(包括所有的修改单)适用于本文件。

GB/T 16766　旅游业基础术语

GB/T 10001.1　标志用公共信息图形符号　第 1 部分:通用符号。

GB/T 10001.2　标志用公共信息图形符号　第 2 部分:旅游设施与服务符号。

GB/T 10001.4　标志用公共信息图形符号　第 4 部分:运动健身符号。

GB/T 10001.9　标志用公共信息图形符号　第 9 部分:无障碍设施符号。

GB/T 15566.8　公共信息导向系统　设置原则与要求　第 8 部分:宾馆和饭店。

1.3 术语和定义

旅游饭店（tourist hotel）的定义

标准原文：

旅游饭店 tourist hotel。

以间（套）夜为时间单位出租客房，以住宿服务为主，并提供商务、会议、休闲、度假等相应服务的住宿设施，按不同习惯可能也被称为宾馆、酒店、旅馆、旅社、宾舍、度假村、俱乐部、大厦、中心等。

释义：

旅游饭店定义传达了以下三方面的信息：

第一，"住宿设施"的界定表明：客房及其服务是饭店业最基本的必备功能要求，也是对饭店建筑内空间的一种规定，即客房始终应该成为饭店的主体。

第二，"提供相应服务"的要求表明：与住宿相配套的其他服务是饭店产品的基本组成因素，也是饭店与单纯房产出租的基本区别。

第三，"以间（套）夜为时间单位出租"的概念表明：饭店产品在间（套）等空间要素的同时，具有包括以预订为界限，以过夜为单位的时间要素。

上述信息明确了饭店产品的三个必要组成要素为：空间、时间和服务。

1.4 星级划分及标志

标准原文：

4.1 用星的数量和颜色表示旅游饭店的星级。旅游饭店星级分为五个级别，即一星级、二星级、三星级、四星级、五星级（含白金五星级）。最低为一星级，最高为五星级。星级越高，表示饭店的等级越高（为方便行文，"星级旅游饭店"简称为"星级饭店"）。

4.2 星级标志由长城与五角星图案构成，用一颗五角星表示一星级，两颗五角星表示二星级，三颗五角星表示三星级，四颗五角星表示四星级，五颗五角星表示五星级，五颗白金五角星表示白金五星级。

释义：

第一，饭店的星级综合体现出饭店的建筑环境、功能环境、服务环境与管理环境的专业化水平，一至五星级（含白金五星级）的标志是对饭店上述工作所达到水平程度的评价。

第二，饭店星级标志已在国家工商行政管理总局商标局登记注册为证明商标，任何单位和个人未经全国旅游星级饭店评定委员会许可，不得擅自使用。

1.5 总则

1.5.1 有限服务饭店（Limited Service hotel）与完全服务饭店（Full Service hotel）

标准原文：

5.1 星级饭店的建筑、附属设施设备、服务项目和运行管理应符合国家现行的安全、消防、卫生、环境保护、劳动合同等有关法律、法规和标准的规定与要求。

5.2 各星级划分的基本条件见附录 A，各星级饭店应逐项达标。

5.3 星级饭店设备设施的位置、结构、数量、面积、功能、材质、设计、装饰等评价标准见附录 B。

5.4 星级饭店的服务质量、清洁卫生、维护保养等评价标准见附录 C。

5.5 一星级、二星级、三星级饭店是有限服务饭店，评定星级时应对饭店住宿产品进行重点评价；四星级和五星级（含白金五星级）饭店是完全服务饭店，评定星级时应对饭店产品进行全面评价。

释义：

有限服务饭店绝不是简单意义上的"价格便宜"，也不是单纯减少功能与服务，而是强调饭店住宿的核心功能，关注价格与质量的性价比，通常具有以下几个特点：

第一，设备配置方面：强调"必要硬件配置"，重视简单实用与低成本运行。

第二，组织结构方面：讲究高效的机构设置，注重一人多能的岗位职责。

第三，服务方面：突出"少而精"，客房是其经营的绝对重点，卫生、安全、方便是服务的基本要求。

第四，市场方面：以对价格较敏感的旅游者为主要消费群体，市场规模大，客源稳定。

与有限服务饭店相区别，完全服务饭店高度重视饭店功能配置和服务项目的完整性，强调饭店环境、氛围与服务的整体协调性，关注宾客的全面感受与价值体现。

1.5.2 绿色环保

标准原文：

5.6 倡导绿色设计、清洁生产、节能减排、绿色消费的理念。

释义：

饭店节能减排、清洁生产是建设资源节约型与环境友好型社会的必然要求。国家旅游局 2006 年已发布实施《绿色旅游饭店》（LB/ T 007—2006），作为星级饭店创建绿色旅游饭店的指南。

所谓绿色设计是指在饭店设计阶段就将环境因素和预防污染的措施纳入产品设计之中，将环境性能作为产品的设计目标和出发点，力求使产品对环境的影响最小。

所谓清洁生产是指饭店不断采取改进设计，使用清洁的能源和原料，采用先进的工艺技术与设备，改善管理、综合利用等措施，从源头消减污染，提高资源利用率，减少或者避免生产、服务和产品使用过程中污染物的产生和排放，以减轻或消除对人类健康和环境的危害。

所谓节能减排是指饭店按照减量化、再循环、再使用、替代的"4R"原则，通过强化经营管理，实施技术改造，倡导绿色消费等方式，在不降低对客服务质量、舒适度以及保证员工良好工作环境的前提下，在保护资源和环境方面所采取的各项积极举措。

所谓绿色消费是指宾客在饭店消费时，关注产品在生产、使用和废弃后对环境的影响问题，并在消费过程中关注环境保护问题。

1.5.3 突发事件应急处置

标准原文：

5.7 星级饭店应增强突发事件应急处置能力，突发事件处置的应急预案应作为各星级饭店的必备条件。评定星级后，如饭店营运中发生重大安全责任事故，所属星级将被立即取消，相应星级标志不能继续使用。

释义：

星级饭店突发事件应急处置能力是指饭店面对危机时，其系统、设备、预案、人员及善后处理等各个方面所表现出的适应性、快速性、灵活性与协调性。

饭店重大安全责任事故指因个人责任或管理责任导致的重大安全事件。依据国家相关规定，造成死亡 1 人以上，或者重伤 3 人以上，或者直接经济损失 5 万元以上，或者造成重大政治影响的事件都构成重大安全责任事故。

1.5.4 饭店整体性

标准原文：

5.8　评定星级时不应因为某一区域所有权或经营权的分离，或因为建筑物的分隔而区别对待，饭店内所有区域应达到同一星级的质量标准和管理要求。

5.9　饭店开业一年后可申请评定星级，经相应星级评定机构评定后，星级标志使用有效期为三年。三年期满后应进行重新评定。

释义：

饭店服务质量是饭店全方位、全过程高度协调与配合的最终结果，因此，饭店的整体性要求：

第一，饭店所有对客服务区域的建筑物、装饰装修材料与工艺、设施设备及用品用具配置档次、维护保养水平等应呈现一致的标准；如同一饭店的不同建筑呈现不同档次，星级评定时以低档次为准。

第二，饭店所有对客服务区域应具备统一的管理制度、操作规范与质量标准。

第三，饭店所有对客服务区域（包括外包、出租的服务功能区域）都应体现统一的星级服务水准。

1.6　各星级划分条件

1.6.1　必备项目

标准原文：

6.1　必备条件。

6.1.1　必备项目检查表规定了各星级饭店应具备的硬件设施和服务项目。评定检查时，逐项打"√"。确认达标后，再进入后续打分程序。

6.1.2　一星级必备项目见表 A.1，二星级必备项目见表 A.2，三星级必备项目见表 A.3，四星级必备项目见表 A.4，五星级必备项目见表 A.5。

释义：

必备项目作为饭店进入不同星级的基本准入条件，具有严肃性与不可缺失性，每条必备项目均具有"一条否决"的效力。

1.6.2　设施设备

标准原文：

6.2　设施设备。

6.2.1　设施设备的要求见附录 B。总分 600 分。

6.2.2　一星级、二星级饭店不作要求，三星级、四星级、五星级饭店规定最低得分线：三星级 220 分，四星级 320 分，五星级 420 分。

释义：

设施设备包括饭店整体设计、建筑结构、装修装饰的材质与工艺、设施设备配置档次、服务功能区域数量与面积以及整体功能质量等要素。设施设备评价是对饭店上述要素的专业性、整体性、舒适性水准所进行的综合考查，评价分值体现出饭店建筑环境、功能环境和产品品质的高低，三、四、五星级饭店应满足最低得分线的要求。

1.6.3　饭店运营质量

标准原文：

6.3　饭店运营质量。

6.3.1　饭店运营质量的要求见附录 C。总分 600 分。

6.3.2　饭店运营质量的评价内容分为总体要求、前厅、客房、餐饮、其他、公共及后台区域等 6 个大项。评分时按"优"、"良"、"中"、"差"打分，并计算得分率。公式为：得分率 = 该项实际得分／该项标准总分 ×100%。

6.3.3　一星级、二星级饭店不作要求。三星级、四星级、五星级饭店规定最低得分率：三星级 70%，四星级 80%，五星级 85%。

6.3.4　如饭店不具备表 C.1 中带"＊"的项目，统计得分率时应在分母中去掉该项分值。

释义：

饭店运营质量评价是对饭店规章制度、操作程序、服务规范、清洁卫生、维护保养等方面所作出的系统考查，评价分值体现饭店管理环境与服务环境的优劣，三、四、五星级饭店应保证达到相应的最低得分率。

1.7 服务质量总体要求

标准原文：

7 服务质量总体要求。

7.1 服务基本原则。

7.1.1 对宾客礼貌、热情、亲切、友好，一视同仁。

7.1.2 密切关注并尽量满足宾客的需求，高效率地完成对客服务。

7.1.3 遵守国家法律法规，保护宾客的合法权益。

7.1.4 尊重宾客的信仰与风俗习惯，不损害民族尊严。

7.2 服务基本要求。

7.2.1 员工仪容仪表应达到：

a）遵守饭店的仪容仪表规范，端庄、大方、整洁；

b）着工装、佩戴工牌上岗；

c）服务过程中表情自然、亲切，热情适度，提倡微笑服务。

7.2.2 员工言行举止应达到：

a）语言文明、简洁、清晰，符合礼仪规范；

b）站、坐、行姿符合各岗位的规范与要求，主动服务，有职业风范；

c）以协调适宜的自然语言和身体语言对客服务，使宾客感到尊重、舒适；

d）对宾客提出的问题应予耐心解释，不推诿和应付。

7.2.3 员工业务能力与技能应达到掌握相应的业务知识和服务技能，并能熟练运用。

释义：

服务质量体现在员工的仪容仪表、言行举止、服务态度、业务知识、服务技能和应变能力等各个方面，要求饭店所有员工达到相应的水准。

1.8 管理要求

标准原文：

8 管理要求。

8.1 应有员工手册。

8.2 应有饭店组织机构图和部门组织机构图。

8.3 应有完善的规章制度、服务标准、管理规范和操作程序。一项完整的饭店管理规范包括规范的名称、目的、管理职责、项目运作规程（具体包括执行层级、管理对象、方式与频率、管理工作内容）、管理分工、管理程序与考核指标等项目。各项管理规范应适时更新，并保留更新记录。

8.4 应有完善的部门化运作规范。包括管理人员岗位工作说明书、管理人员工作关系表、管理人员工作项目核检表，专门的质量管理文件、工作用表和质量管理记录等内容。

8.5 应有服务和专业技术人员岗位工作说明书，对服务和专业技术人员的岗位要求、任职条件、班次、接受指令与协调渠道、主要工作职责等内容进行书面说明。

8.6 应有服务项目、程序与标准说明书，对每一个服务项目完成的目标、为完成该目标所需要经过的程序，以及各个程序的质量标准进行说明。

8.7 对国家和地方主管部门和强制性标准所要求的特定岗位的技术工作如锅炉、强弱电、消防、食品加工与制作等，应有相应的工作技术标准的书面说明，相应岗位的从业人员应知晓并熟练操作。

8.8 应有其他可以证明饭店质量管理水平的证书或文件。

释义：

管理要求是指饭店按照星级标准对后台规范化管理的基本要求，在饭店星级评定时要求饭店出具完整、规范、有效的文件。

1.9 安全管理要求

标准原文：

9 安全管理要求。

9.1 星级饭店应取得消防等方面的安全许可，确保消防设施的完好和有效运行。

9.2 水、电、气、油、压力容器、管线等设施设备应安全有效运行。

9.3 应严格执行安全管理防控制度，确保安全监控设备的有效运行及人员的责任到位。

9.4 应注重食品加工流程的卫生管理，保证食品安全。

9.5 应制订和完善地震、火灾、食品卫生、公共卫生、治安事件、设施设备突发故障等各项突发事件应急预案。

释义：

安全是饭店的第一要务，没有安全就没有经营，安全管理要求是星级饭店评定的重要前置条件。饭店星级评定时，必须出具相关文件（许可证、验收证明等），并检查相关设施的运行记录。

1.10 其他

标准原文：

对于以住宿为主营业务，建筑与装修风格独特，拥有独特客户群体，管理和服务特色鲜明，且业内知名度较高的旅游饭店的星级评定，可参照五星级的要求。

1.10.1 精品饭店

释义：

标准原文指向的是可申报五星级的精品饭店，通常具有以下特点：

第一，主题性。精品饭店应主题鲜明，并通过别致的装饰与艺术的创作予以表现，营造出饭店独特的氛围和个性魅力。

第二，差异化的饭店环境。有区别于其他五星级饭店的特点，极具特色，其服务品质为社会广泛认可。

第三，特殊的客户群体。精品饭店拥有独特的客户群体，特定的品位需求使他们能够理解和感受精品饭店所传递的文化信息和设计理念，高端的价格也确保了精品饭店的良好效益。精品饭店的平均房价应连续两年居于省（自治区、直辖市）所在地饭店前列，且能得到市场认同、行业认同和相关管理部门认同。

第四，服务个性化、定制化、精细化。精品饭店讲究高度定制化的个性服务，特色产品吸引力强，服务温馨周到，能够让宾客留下深刻而美好的印象。

凡具有上述特点，在保证以住宿为主营服务业务的前提下，允许与五星级饭店标准存在某种差异的饭店直接向全国旅游星级饭店评定委员会申报五星级。

1.10.2　白金五星级

引言中提到的白金五星级是饭店星级制度建设过程中，为进一步提升星级饭店品质而在五星级内增设的一个附加等级。白金五星级饭店是星级饭店的最高等级，体现对饭店的硬件、软件以及市场影响力、综合满意度等最高要求。经过创建试点，目前我国已评定为白金五星级饭店有三家。国家旅游局将根据本标准的总体思路及创建试点的经验，另行制订白金五星级饭店的标准与评定办法。

必备项目检查表释义

2.1 饭店建筑外观与结构

2.1.1 必备项目有关饭店建筑外观与结构的要求

一星级：建筑物结构完好，功能布局基本合理，方便宾客在饭店内活动。

二星级：建筑物结构良好，功能布局基本合理，方便宾客在饭店内活动。

三星级：应有较高标准的建筑物结构，功能布局较为合理，方便宾客在饭店内活动。

四星级：建筑物外观和建筑结构有特色，饭店空间布局合理，方便宾客在饭店内活动。

五星级：建筑物外观和建筑结构应具有鲜明的豪华饭店的品质，饭店空间布局合理，方便宾客在饭店内活动。

2.1.2 释义

1. 饭店建筑结构内涵

标准所讲的建筑结构是指饭店依据自身功能需要，在饭店建筑造型、空间布局、内外部交通流线设计、设施设备布置等方面所体现出的科学性、功能性、合理性、艺术性与整体性，以及在此基础上饭店建筑内部各功能区域带给宾客的方便性、舒适性与易识性。

2. 功能布局

饭店是一个多功能需求的建筑物，功能布局即是对建筑物空间实施分割、连接与用途安排，其合理性体现在空间组合方式的专业性与实际使用效果的高度协调。具体表现为：

第一，各空间的规模、体量与使用功能配套。

饭店建筑由人为制造的、实体围合的许多小空间组合而成，作为饭店产品生产与消费的场所，特定的用途与功能决定着各个空间的形态与尺度。内部空间的处理对消费与服务至关重要，要求空间围合形式、空间尺度和比例等满足功能的需求。

第二，各空间形成紧密连接。

饭店建筑要达到"方便宾客在饭店内活动"的目的，必须形成系统、连贯的内部空间关系，要求空间位置、区域衔接、空间转折与交叉、流线组织等应根据各个空间的功能特性，形成有机的连接关系，满足宾客活动的方便性和服务的快捷性需要。

3. 饭店建筑外观特色

饭店建筑外观特色是指饭店建筑带给人的视觉感受，通过独特的建筑设计手法予以表达，包括建筑体量比例、表面处理材质、设计语言符号等基本内容。其表现形态应与饭店风格定位一致，符合饭店建筑物设计常规，通过历史的、地域的、艺术的各种文化元素的运用，赋予建筑物深刻的文化内涵，适应人们审美意识的发展与变化需求。

4. 豪华饭店品质

豪华饭店品质是指饭店在满足建筑结构、外观特色和功能布局等方面基本要求的同时，所体现的环境特质与产品舒适度。

第一，建筑物外观和内部结构体现专业设计，风格统一。

第二，外墙装饰使用高级装饰材料，工艺精良，视觉效果突出。

第三，内部装饰材质高档、工艺精致，体现良好的视觉空间品质。

第四，采光和照明设计科学，色调与格调统一，形成良好的视觉感受和功能性。

2.2 内外装修装饰

2.2.1 必备项目有关内外装修装饰的要求

一星级：不要求。

二星级：不要求。

三星级：不要求。

四星级：内外装修应采用高档材料，符合环保要求，工艺精致，整体氛围协调。

五星级：内外装修应采用高档材料，符合环保要求，工艺精致，整体氛围协调，风格突出。

2.2.2 释义

1. 高档材料

装修材料是饭店建筑装饰的物质条件，具有形态、色彩、质感等特质。从性质上看有木材、竹材、石材、金属、胶合材料、玻璃、陶瓷、塑料、墙纸、织物等。从质感上又可以分为硬质（石材、金属、木材等）和软质（地毯、壁纸）等。从材料形成途径有人工合成材料和天然材料。

高档装修材料通常指天然材料或高科技人工材料，一般具有以下特点：

第一，从力学性质看，强度、硬度、耐用性较高。

第二，从与水有关的性质看，吸水性、吸湿性、耐水性、抗冻性强。

第三，从热物理性看，热容性、耐急冷急热性、阻燃性、耐火性高。

第四，从声学性质看，吸声性、隔声性强。

第五，从光学性质看，表面平滑，光泽度高。

第六，从使用性看，耐久性、耐洁污性、易洁性强。

第七，从环保性看，无毒无害、无污染、无放射性。

第八，从装饰性看，质感、纹理、形状和色彩有机结合达到丰富空间层次、美化空间的效果。

2. 整体氛围

饭店整体氛围是指通过装修装饰所形成的一种能够满足宾客视觉和心理体验舒适感受的完整气氛和情调。主要包括以下内容：

第一，点、线、面等空间构成要素组合得当，空间比例协调、均衡稳定，符合功能需要，并产生良好的视觉感受。

第二，装饰图案设计充分考虑空间大小、形状、表现目的和性质，中心突出。

第三，装饰材料的纹理、线条走向、色彩、质地等与空间功能吻合，工艺精致。

第四，色彩搭配协调，色调统一；灯光柔和，兼具照明与装饰功能；艺术陈设主题突出，营造出高雅气氛。

2.3 采暖与制冷

2.3.1 必备项目有关采暖与制冷的要求

一星级：应有适应所在地气候的采暖、制冷设备，各区域通风良好。

二星级：应有适应所在地气候的采暖、制冷设备，各区域通风良好。

三星级：应有空调设施，各区域通风良好，温、湿度适宜。

四星级：应有中央空调（别墅式度假饭店除外），各区域通风良好。

五星级：应有中央空调（别墅式度假饭店除外），各区域空气质量良好。

2.3.2 释义

1. 室内空气环境与空气调节方法

空气环境是指由温度、湿度、空气新鲜度、流动速度及区域温差等指标所构成的饭店室内环境。空气环境直接关系到宾客的舒适与健康，是体现饭店产品品质优劣的一项重要内容，因此，星级饭店应高度重视室内环境质量的管理工作。

空气调节方法包括自然与机械两种方式。饭店可根据所在地的气候特征，采用自然通风、电暖机、壁炉、电风扇、分散式空调及中央空调系统等方式解决室内空气调节问题。

2. 中央空调系统

中央空调系统是由一系列驱动流体流动的运动设备、各种型号的热交换器及连接各种装置的管道和阀件所组成的，采用集中控制方式的空气调节装置，主要作用在于利用上述设备控制饭店整体的温度和新风量。

目前常用的中央空调系统有压缩式制冷机组、溴化锂吸收式冷水机组、多联机 VRV 机组系统和其他新型空调机组等。

饭店应根据自身实际需要，结合不同类型空调机组的特点，本着节能降耗、绿色环保的原则，科学地选配中央空调机组。在空调工作过程中，应合理控制冷冻水、冷却水温度和水质，提高冷机运行效率；合理进行管网布置，降低管网阻力，减少能源消耗；并建立科学、严格的空调系统运行与维修的管理、检查制度，提升系统运行的安全性。

2.4 文字与公共信息图形符号

2.4.1 必备项目有关文字与公共信息图形符号的要求

一星级：各种指示用和服务用文字应至少用规范的中文及第二种文字同时表示，导向系统的设置和公共信息图形符号应符合 GB/T 15566.8 和 GB/T 10001.1、GB/T 10001.2、GB/T 10001.4、GB/T 10001.9 的规定。

二星级：各种指示用和服务用文字应至少用规范的中文及第二种文字同时表示，导向系统的设置和公共信息图形符号应符合 GB/T 15566.8 和 GB/T 10001.1、GB/T 10001.2、GB/T 10001.4、GB/T 10001.9 的规定。

三星级：各种指示用和服务用文字应至少用规范的中英文同时表示，导向标志清晰、实用、美观，导向系统的设置和公共信息图形符号应符合 GB/T 15566.8 和 GB/T 10001.1、GB/T 10001.2、GB/T 10001.4、GB/T 10001.9 的规定。

四星级：各种指示用和服务用文字应至少用规范的中英文同时表示，导向标志清晰、实用、美观，导向系统的设置和公共信息图形符号应符合 GB/T 15566.8 和 GB/T 10001.1、GB/T 10001.2、GB/T 10001.4、GB/T 10001.9 的规定。

五星级：各种指示用和服务用文字应至少用规范的中英文同时表示，导向标志清晰、实用、美观，导向系统的设置和公共信息图形符号应符合 GB/T 15566.8 和 GB/T 10001.1、GB/T 10001.2、GB/T 10001.4、GB/T 10001.9 的规定。

2.4.2 释义

1. 饭店第二种文字

所谓第二种文字是指饭店在规范汉字之外，根据客源细分市场定位所采用的其他文字，包括民族文字、外文等。在同时使用时，应注意遵守"汉字在前在上，其他文字在后在下"的基本原则。

2. 饭店导向系统与公共信息图形符号

公共信息图形符号和导向系统在饭店中相辅相成，形成一个完整的标志系统。

公共信息图形符号表示"这里是什么"，解决空间的功能指示问题；导向系统表示"怎么去"，解决空间的引导问题。导向系统由规范的公共信息图形符号标志牌组成，公共信息图形符号标志牌的应用取决于导向系统的功能需要。

由于标志牌的功能与使用地点不同，标志牌的形式也有所不同。饭店中常用的标志牌分为悬吊型标志牌、突出型标志牌、墙挂型标志牌和自立型标志牌等。在选择标志牌形式时，主要考虑与饭店整体风格的契合性、与建筑空间的整合性、与装修材料的一致性、与周边环境的协调性。

醒目、清晰、准确、安全、美观是对饭店标志牌的基本要求。

2.5 计算机管理系统

2.5.1 必备项目有关计算机管理系统的要求

一星级：不要求。

二星级：不要求。

三星级：应有计算机管理系统。

四星级：应有运行有效的计算机管理系统，主要营业区域均有终端，有效提供服务。

五星级：应有运行有效的计算机管理系统，前后台联网，有饭店独立的官方网站或者互联网主页，并能够提供网络预订服务。

2.5.2 释义

饭店计算机管理系统包括的内容有：前台系统、后台系统及扩充系统。

前台系统的主要功能有：预订、房态显示、入住登记、账单汇总、客账结算、留言指示、客史档案、网络预订功能等。

后台系统的主要功能有：楼宇管理、人事管理、办公自动化管理、财务管理、采购管理、库房管理等。

扩充系统的主要功能有：销售系统、电话自动收费系统、楼宇自动化控制系统、工程设备控制系统、收银系统、互联网预订系统、收益管理系统等。

2.6 公共音响转播系统

2.6.1 必备项目有关公共音响转播系统的要求

一星级：不要求。

二星级：不要求。

三星级：不要求。

四星级：应有公共音响转播系统，背景音乐曲目、音量适宜，音质良好。

五星级：应有公共音响转播系统，背景音乐曲目、音量与所在区域和时间段相适应，音质良好。

2.6.2 释义

饭店公共音响转播系统主要包括：紧急广播、公共区域背景音乐广播、客房背景音乐、会议室音响以及多功能厅音响等。

饭店公共音响转播系统的平均声压为 50~60db，频率范围 100~6000Hz，音质良好。

2.7 工装

2.7.1 必备项目有关工装的要求

一星级：员工应具备基本礼仪礼节，穿着整齐清洁。

二星级：员工应具备基本礼仪礼节，穿着整齐清洁。

三星级：员工应着工装。

四星级：员工应着工装，体现岗位特色。

五星级：员工应着工装，工装专业设计、材质良好、做工精细。

2.7.2 释义

1. 饭店工装的基本要求

饭店员工工装是指为达到统一形象、提高效率或安全劳动的防护目的，按照一定的制度和规定，饭店员工穿用的一定制式的服装。

饭店员工工装是饭店的一种标志物，工装的质地、式样、颜色、纹样、配件以及饰品具有多种功能与含义，不仅展现员工精神气质，还体现饭店的文化内涵。因此饭店员工着装的基本要求是：

第一，合身。员工工装要适合穿着者的岗位身份。员工工装力求定制，穿着舒适，具有心理的安全感、责任感和荣誉感。

第二，合意。员工工装应根据特定的宾客类型和工作环境，采用适宜的质地、色彩与款式。面料的选择应质地良好、做工精细、透气性强、耐洗涤、不起球、不钩丝，简洁自然、端庄大方、修饰适度、充满活力。

第三，合时。员工工装应具有时代气息，符合不同服务区域的审美需求。服饰设计应体现含蓄美，既不墨守成规，也不过于时尚超前，体现端庄大方的职业风度。

第四，合礼。饭店员工工装应符合礼仪规范，整洁、干净、挺括并佩戴统一的工号牌，鞋袜干净、无破损，不佩戴规定外饰品。

2. 饭店工装的设计制作

饭店工装具有形象性、审美性、标志性、实用性、安全性等功能要求。工装的设计制作应关注：

第一，设计。工装设计中，首先应根据饭店建筑物和内部装修风格或根据不同工种所在区域的环境氛围来确定工装的款式造型，并运用制服所特有的设计语言，如领型、口袋等相似视觉因素构成。在工装的领口、胸前、袋口、后背、帽徽或胸卡等处，可点缀饭店或营业区域的徽标、标准字体等，形成与饭店整体风格一致的员工服饰体系，展示饭店形象。

第二，色彩。首先，应围绕饭店标准色或饭店装饰装修主色调，确立工装的主体色调。其次，在主色调的基础上，根据岗位工作特点，选取不同部门、岗位的识别色，使不同部门、不同工种的工装既有不同的色彩配置，又统一于整体的色调之中，形成与饭店环境和谐统一、生动活泼的视觉感受。

第三，材料。饭店应了解面料的纤维特性、组织结构和风格特征，同时根据不同档次饭店要求，针对不同岗位、不同工种作出不同选择。充分考虑耐磨、耐脏、垂性好、易洗涤、易干、吸湿、透气性等要求。

第四，系列化。饭店工装应形成设计系列化，包括不同岗位服饰之间的系列化和同一岗位服饰从服装、鞋裤到帽子、饰品等的系列化组合。系列化设计要求在符合饭店整体形象统一性的同时，体现各部门不同工种的服饰特色。

第五，专属化。饭店应对员工工装采取量体裁衣、专属化配置的策略，员工不仅能有最合身、得体的服装，便于工作，还能传递饭店服务的价值和理念，提升员工的自信心和自豪感。

2.8　饭店节能减排方案

2.8.1　必备项目有关饭店节能减排方案的要求

一星级：应有与本星级相适应的节能减排方案并付诸实施。

二星级：应有与本星级相适应的节能减排方案并付诸实施。

三星级：应有与本星级相适应的节能减排方案并付诸实施。

四星级：应有与本星级相适应的节能减排方案并付诸实施。

五星级：应有与本星级相适应的节能减排方案并付诸实施。

2.8.2　释义

1. 饭店节能减排的内涵

节能减排、绿色环保是星级饭店的社会责任，依据国务院公布的《节能减排方案》，星级饭店应根据自身硬件、环境现状、服务产品和客源市场的结构，在不降低对客服务质量、舒适度以及保证员工良好工作环境的前提下，制订切合实际的计划和方案，确保节能减排工作落实到位。

饭店减排是指饭店按照减量化、再循环、再使用、替代的"4R"原则，通过强化经营管理、实施技术改造、倡导绿色消费等方式，减少废弃物排放，保护资源和环境，树立良好形象的重要举措。

2. 饭店节能减排方案的主要内容

饭店节能减排应从硬件和软件两方面着手，主要内容有：

第一，提出饭店绿色环保的理念和主题口号，加强宣传教育和培训工作，树立员工绿色环保服务理念，强化各部门之间的团队合作，坚持安全生产，倡导绿色消费。

第二，制订节能减排设备改造计划。

第三，制订全体员工参与的节能减排工作方案，强化维护保养，提高设施设备的能源效率。

第四，建立系统的设施设备分类台账，全面掌握设施设备的性能、运行和能耗情况。

第五，建立系统完整的能耗比较分析制度，实施科学合理的节能减排行动。

第六，建立饭店各部门能耗定额考核及奖惩制度。

第七，引导宾客积极参与和支持，实施宾客绿色消费奖励计划。

2.9 饭店应急预案

2.9.1 必备项目有关饭店应急预案的要求

一星级：应有突发事件处置的应急预案。

二星级：应有突发事件处置的应急预案。

三星级：应有突发事件（突发事件应包括火灾、自然灾害、饭店建筑物和设备设施事故、公共卫生和伤亡事件、社会治安事件等）处置的应急预案，有年度实施计划，并定期演练。

四星级：应有突发事件（突发事件应包括火灾、自然灾害、饭店建筑物和设备设施事故、公共卫生和伤亡事件、社会治安事件等）处置的应急预案，有年度实施计划，并定期演练。

五星级：应有突发事件（突发事件应包括火灾、自然灾害、饭店建筑物和设备设施事故、公共卫生和伤亡事件、社会治安事件等）处置的应急预案，有年度实施计划，并定期演练。

2.9.2 释义

1. 饭店突发事件的定义

饭店突发事件是指由于火灾、自然灾害、饭店建筑物和设备设施、公共卫生和伤亡事故、社会治安以及公关危机等事件对宾客、员工和其他相关人员的人身和财产安全造成的危害的意外事件，需要饭店采取应急处置措施予以应对。

饭店突发事件具有突发性、破坏性、紧迫性、双重性的特点，因此饭店突发性事件的处置应坚持"科学预防，快速处置，总结提高"的原则，切实有效地将危机管理贯穿于饭店管理的全过程。

2. 饭店应急预案的基本内容

饭店应根据自身实际，针对各类突发事件的性质、特点和可能造成的危害程度，对突发事件具体细分等级，制订行之有效的应急预案。

应急预案又称应急计划，是针对突发事件所需的应急准备和应急行动而制订的指导性文件，其核心内容应包括：

第一，对饭店各类突发事件发生的可能性及其后果的预测、辨识、评价。

第二，饭店各部门的职责分配。总经理应是突发事件应急管理的第一责任人，其他相关人员应分工明确，责任到人，形成强有力的管理队伍。

第三，应急救援行动的指挥与协调。

第四，应急救援中可用的人员、设备、设施、物资、经费保障和其他资源，包括社会和外部援助资源等。

第五，在紧急情况或事故灾害发生时保护宾客生命、财产和环境安全的措施。

第六，完善的公共策略，指定专门的危机事件发言人，统一信息传播口径。

第七，善后措施。

第八，应急培训和演练制度，强化对总经理及员工的危机意识及处置能力的培训。

第九，预案的管理与不断完善等。

2.10 员工培训

2.10.1 必备项目有关员工培训的要求

一星级：不要求。

二星级：不要求。

三星级：应定期开展员工培训。

四星级：应有系统的员工培训规划和制度，有员工培训设施。

五星级：应有系统的员工培训规划和制度，应有专门的教材、专职培训师及专用员工培训教室。

2.10.2 释义

饭店员工的劳动态度与职业技能直接影响着服务质量的高低，因此员工培训对所有星级饭店而言都是一项不可或缺的工作任务。饭店员工培训具有针对性、灵活性、系统性、广泛性与复杂性等特点。三星级饭店应定期开展员工培训工作，四、五星级饭店的员工培训工作则应做到常态化、制度化和系统化。

第一，员工培训内容应包括职业精神、专业知识、工作技能、产品知识和礼仪习惯五个方面。

第二，根据员工的岗位任务应划分为上岗前培训、在岗培训、岗位调动培训、岗位晋升培训、工作问题针对培训、服务方法与技能培训、所在地文化及旅游资源培训、服务标准与操作流程培训、新产品相关内容培训等不同的类型。

第三，培训工作应按照发现培训需求，制订培训计划，做好培训教材、场地、设备、师资的准备工作，实施培训，评估培训效果，发现新的培训需求的步骤有计划、持续不断地开展。

第四，根据饭店员工工作时间长、流动频繁等特点，饭店应采取人事部门培训与业务部门培训相结合、集中培训与岗上"传帮带"相结合、教学与自学相结合、"走出去"与"请进来"相结合等灵活多样的员工培训方法。

2.11 前厅布局与装修

2.11.1 必备项目有关前厅布局与装修的要求

一星级：不要求。

二星级：不要求。

三星级：应有与接待规模相适应的前厅和总服务台，装修美观。

四星级：区位功能划分合理，整体装修精致，有整体风格，色调协调，光线充足。

五星级：功能划分合理，空间效果良好，装饰设计有整体风格，色调协调，光线充足，整体视觉效果和谐。

2.11.2 释义

前厅是饭店核心区域之一，是饭店的门面，是饭店文化的展示窗口，是宾客进出饭店的集散地，是饭店对客服务的枢纽。

前厅的面积大小取决于饭店类型、星级和规模，应与客房数相适应。设计时应注意：前厅面积应满足需要，合理设置。前厅空间高度与面积比例协调，利于环保，舒适度高。

大门、总服务台、电梯构成前厅最基本的布局结构，应尽量避免服务流线、物品流线与宾客流线交叉。宾客通往饭店各功能区域的通道和空间应减少障碍，保持通畅，强化导向功能；总服务台、大堂副理台及宾客休息区应置于合理位置，留下足够的活动空间。

饭店前厅的浮雕、挂画、中心艺术品、装饰品等应与饭店文化装饰设计风格相一致，格调、色调协调统一，起到营造氛围、提升艺术感染力的作用，且应有目的物照明光源配合，并配置必要的说明文字。前厅植物应体量适宜、修饰美观，不露土，摆放位置合理。四、五星级饭店应使用高档盆具或对盆具进行艺术装饰。

2.12　总服务台

2.12.1　必备项目有关总服务台的要求

一星级：设总服务台，并提供客房价目表及城市所在地的旅游交通图等相关资料。

二星级：应有与饭店规模相适应的总服务台，位置合理，提供客房价目表及城市所在地的旅游交通图、旅游介绍等相关资料。

三星级：应有与接待规模相适应的前厅和总服务台，装修美观，提供饭店服务项目资料、客房价目等信息，提供旅游交通、旅游资源信息、主要交通工具时刻等资料，提供相关的报刊。

四星级：设总服务台，位置合理，接待人员应 24 小时提供接待、问询和结账服务。并能提供留言、总账单结账、国内和国际信用卡结算及外币兑换等服务。

五星级：总服务台位置合理，接待人员应 24 小时提供接待、问询和结账等服务。并能提供留言、总账单结账、国内和国际信用卡结算及外币兑换等服务。

2.12.2　释义

总服务台是饭店的中心，是宾客形成第一印象的关键所在，应设置在门厅正对面或侧面醒目位置。总服务台长度及区域空间大小应与饭店星级高低和客房数相匹配。总服务台可采用站立式或坐式两种。

总服务台客房价目表、外币兑换及各种印刷品齐备，各种标志应规范、清晰、美观，服务快速准确、热情礼貌。

总账单结账是指宾客在办理入住登记手续时，通过交纳一定预付金，在饭店所有对客服务区域的消费均可实现记账消费，待离店时一次性结算支付的服务方式。

2.13 行李寄存

2.13.1 必备项目有关行李寄存的要求

一星级：应提供贵重物品保管及小件行李寄存服务。

二星级：应提供贵重物品保管及小件行李寄存服务。

三星级：应提供贵重物品保管及小件行李寄存服务，并专设寄存处。

四星级：应专设行李寄存处，应有专职行李员，配有专用行李车，18 小时提供行李服务，提供小件行李寄存服务。

五星级：应专设行李寄存处，应有专职行李员，配有专用行李车，24 小时提供行李服务，提供小件行李寄存服务。

2.13.2 释义

行李寄存服务应设置于饭店前厅合理区域内。一、二星级饭店可不设置专用行李房，可在前厅总台附属区域内，如总台办公室等处设置行李寄存处，配置必要的寄存设施，制度健全、程序完善。

三星级及其上饭店应设置专用行李寄存处，行李寄存处一般应设置在不影响氛围、对客服务以及交通流线的适当区域，进出通行方便。

饭店行李房或行李寄存处应设置充足的照明、行李架、电话等设施，做到清洁、规范，除宾客寄存行李及物品外，不得堆放其他杂物。行李架应有长期、短期、大宗行李、易碎物品等时间分类和行李分类设计，有条件的情况下可配置监控探头。

行李房或行李寄存处应建立严格的寄存、领取等管理制度，有利于宾客寄存物品的安全及管理。

第一，寄存处不寄存现金、金银珠宝、玉器等贵重物品及身份证等重要证件。

第二，寄存处不得寄存易燃、易爆、易腐烂或腐蚀性等物品。

第三，寄存过程中如发现枪支、弹药、毒品等危险物品，应及时报告保安部和大堂副理，并控制现场，防止意外发生。

第四，饭店寄存处严禁非行李人员进入，房门钥匙应由专人保管，确保"人在门开，人离门锁"。

第五，寄存记录完备，所有行李均系有寄存挂牌，摆放整齐。

第六，行李房及周边严禁烟火，室内配置灭火器具，通风良好，清洁干燥。

2.14　贵重物品保管

2.14.1　必备项目有关贵重物品保管的要求

一星级：应提供贵重物品保管及小件行李寄存服务。

二星级：应提供贵重物品保管及小件行李寄存服务。

三星级：应提供贵重物品保管及小件行李寄存服务，并专设寄存处。

四星级：配有饭店与宾客同时开启的贵重物品保险箱，保险箱位置安全、隐蔽，能够保护宾客的隐私。

五星级：配有饭店与宾客同时开启的贵重物品保险箱，保险箱位置安全、隐蔽，能够保护宾客的隐私。

2.14.2　释义

贵重物品保险箱是饭店能够保证宾客隐私、供宾客免费寄存贵重物品的安全设备。

一、二、三星级饭店可在总台或前厅区域配备宾客专用贵重物品保险箱，提供贵重物品寄存服务。

四、五星级饭店的贵重物品保险箱应置于独立、安全、方便、具有私密性的室内，保险箱数量应与客房数量相匹配，不少于两种以上规格，配置分别供宾客和饭店服务人员同时开启的两把钥匙。室内设监控探头，将所有保险箱置于监控范围之内。

室内墙面明显位置应悬挂使用说明和安全警示，配备桌椅、文具等必要用品，方便操作和使用。

2.15　非经营休息场所

2.15.1　必备项目有关非经营休息场所的要求

一星级：不要求。

二星级：不要求。

三星级：公共区域应设宾客休息场所。

四星级：在非经营区应设宾客休息场所。

五星级：在非经营区应设宾客休息场所。

2.15.2 释义

前厅非经营区宾客休息场所主要供店内宾客短时等待、休息或交流使用，位置合理的宾客休息场所能够起到疏导、调节前厅人流的作用。四、五星级饭店的宾客休息场所应设在前厅非经营区域，服务设施应满足宾客短时就座休息。

2.16 客房面积

2.16.1 必备项目有关客房面积的要求

一星级：不要求。

二星级：不要求。

三星级：不要求。

四星级：70%客房的面积（不含卫生间）应不小于20m²。

五星级：70%客房的面积（不含卫生间和门廊）应不小于20m²。

2.16.2 释义

客房面积要求与饭店产品舒适度有直接关系。客房必备的家具和设施是满足宾客休息、工作、会客、休闲等多种功能需要的物质条件，在客房规划时，必须考虑家具配置到位后，宾客在客房内的活动空间。

所谓不含卫生间和门廊是指扣除卫生间、门廊及门廊一侧衣柜面积后的客房净面积；所谓不含卫生间的面积是指扣除卫生间及门廊一侧衣柜面积后的客房净面积。

2.17 客房类型

2.17.1 必备项目有关客房类型的要求

一星级：不要求。

二星级：不要求。

三星级：应有单人间、套房等不同规格的房间配置。

四星级：应有标准间（大床房、双床房），有两种以上规格的套房（包括至少3个开间的豪华套房），套房布局合理。

　　五星级：应有标准间（大床房、双床房）、残疾人客房、两种以上规格的套房（包括至少 4 个开间的豪华套房），套房布局合理。

2.17.2　释义

　　客房是饭店必不可少的主要设施，是饭店的基本条件。由于宾客身份、消费需求、同行人员数量、旅居原因不同等因素，宾客对饭店客房类型与大小有不同的需要，因此，饭店应合理地配置不同类型的客房，以满足不同宾客的需要。

　　1. 两种规格套房

　　套房是指由两个相对独立，功能互不影响、互不干扰的空间组合而成的客房；两种规格是指空间分割方式、组合方式不同的套房形态。

　　2. 豪华套房

　　豪华套房代表饭店客房产品的最高水平，其设计应关注私密性、舒适性和文化性。一般情况下，不同开间套房的功能设置为：

　　三开间豪华套房的使用面积应不低于100m²，通常由客厅及卫生间、独立的书房或餐厅、卧室及卫生间组成。

　　四开间豪华套房的使用面积应不低于150m²，通常由客厅及卫生间、独立的书房或餐厅、主卧室及卫生间、副卧室及卫生间等功能空间组成。

　　五开间及其以上豪华套房的使用面积应不低于240m²，通常由客厅及卫生间、独立的书房、独立的餐厅（含简易厨房）、主卧室及卫生间、副卧室及卫生间、步入式更衣间等组成，并可根据实际需要增设随从房及卫生间、康乐用房等功能空间。可配备直达该区域的专用电梯。

　　豪华套房的设计应关注：

　　第一，安全与私密。

　　豪华套房应远离电梯口和人流活动频繁的区域，一般位于楼层端头，自成独立系统。房内布局合理，主卧室和副卧室应置于相对集中区域，私密性良好；配置卫生间和更衣间，形成相对私密的环境空间。

　　豪华套房应科学规划流线，入口不得直视会客区域，访客经套房入口进入客厅，其行走路线不可穿越卧区，服务流线应与宾客进出流线分隔等。

　　第二，舒适与方便。

　　豪华套房的装修装饰应材质考究、工艺精良，艺术陈设格调高雅、氛围浓郁；光照度合理，隔音与遮光效果俱佳；卫生间采用干、湿分区设计；家具、布草、洁具及卫生间用品等明显高于其他客房配置，高档舒适；应配备与开间数相适应的先进通信和网络设备；电器、空调、网络、照明、淋浴等设施设备的控制系统充分体现人性化设计，方便使用。

3. 残疾人客房

设置残疾人客房是饭店人文精神的体现。残疾人客房应布置在便于轮椅进出、交通路线最短的地方，一般设在低层饭店的一层或高层饭店客房层的最低层，可采用连通房的形式，便于陪护。同时应关注盲人、聋哑人等其他残障人士的需要。

残疾人客房的设施设备配置与安装可参考以下指标：

第一，客房门。

客房门的宽度应不小于900mm，采用长柄把手，不安装闭门器，分别在1.1m和1.5m处安装门窥镜，门链高度不超过1m。

第二，设备。

衣柜挂衣杆不高于1400mm；低位电器开关、插座高度不低于600mm，高位电器开关、插座高度不高于1200mm；挂式电话安装高度为800～1000mm。宜安装电动窗帘。卫生间及客房内应设置紧急呼叫按钮。

第三，空间。

床位一侧应留有宽度不小于1500mm的轮椅回旋空间，床面高度为450mm。

第四，卫生间。

卫生间门宽应不小于900mm；淋浴间面积不小于1200mm×1200mm，应设置850mm×350mm×450mm的安全洗浴坐凳，安装安全抓杆，横式安全抓杆的高度为距地面900mm；竖式安全抓杆的高度为距地面600～1500mm；水流开关安装高度为900mm。

4. 连通房

连通房是指在两个独立的客房单间之间使用隔音双扇门连接，作为两个独立单间出租时，将门锁上成为两个完全独立的空间，任何一方无法进入另一房间；作为套房使用时，将房门打开，合为一套房间出租。连通房应高度关注隔音及安全。

而连通房与套房的区别在于：套房从建筑结构上即将两个空间组合在一起，无法临时分隔，只能作为一个独立的空间出租使用。

星级评定时，连通房不能作为套房认定。

2.18 客房卫生间

2.18.1 必备项目有关客房卫生间的要求

一星级：客房内应有卫生间或提供方便宾客使用的公共卫生间，客房卫生间及公共卫生间均采取必要防滑措施。

二星级：至少50%的客房内应有卫生间，或每一楼层提供数量充足、男女分设、方便使用的公共盥洗间。客房卫生间及公共盥洗间均采取有效的防滑措施。

三星级：客房内应有卫生间，装有抽水恭桶、梳妆台（配备面盆、梳妆镜和必要的盥洗用品）、浴缸或淋浴间。采取有效的防滑、防溅水措施，通风良好。采用较高级建筑材料装修地面、墙面和天花板，色调柔和，目的物照明效果良好。有良好的排风设施，温、湿度与客房适宜。有不间断电源插座。24小时供应冷、热水。

四星级：客房内应有装修良好的卫生间。有抽水恭桶、梳妆台（配备面盆、梳妆镜和必要的盥洗用品）、浴缸或淋浴间，配有浴帘或其他防溅设施。采取有效的防滑措施。采用高档建筑材料装修地面、墙面和天花板，色调高雅柔和。采用分区照明且目的物照明效果良好。有良好的降噪声排风设施，温、湿度与客房适宜。有110/220V不间断电源插座、电话副机。配有吹风机。24小时供应冷、热水，水龙头冷热标志清晰。所有设施设备均方便宾客使用。

五星级：客房内应有装修精致的卫生间。有高级抽水恭桶、梳妆台（配备面盆、梳妆镜和必要的盥洗用品）、浴缸并带淋浴喷头（另有单独淋浴间的可以不带淋浴喷头），配有浴帘或其他有效的防溅设施。采取有效的防滑措施。采用豪华建筑材料装修地面、墙面和天花板，色调高雅柔和。采用分区照明且目的物照明效果良好。有良好的无明显噪声的排风设施，温、湿度与客房无明显差异。有110/220V不间断电源插座、电话副机。配有吹风机。24小时供应冷、热水，水龙头冷热标志清晰。所有设施设备均方便宾客使用。

2.18.2 释义

卫生间的舒适程度直接影响到宾客对饭店产品质量的感受与评价。

饭店应充分了解洁具的规格、性能、质量、价格等因素，充分考虑饭店的星级高低与卫生间面积的大小，配置合适的卫生洁具。卫生洁具与配套五金件应统一品牌及规格。

卫生洁具安装可参考以下指标：

第一，面盆：面盆上沿距地面高度不超过 810～940mm，前方应留有 450～550mm 空间。

淋浴喷头安装高度距地面 1820～1950mm，龙头把手距地面 1010～1220mm，浴液器或皂架距地面 1310mm 左右。浴缸水流开关距盆底 760～860mm，安全扶手距缸底高度 600mm，水平长度 1200mm。

恭桶：前方应留有 450～600mm 空间，左右留有 300～350mm 空隙；手纸架、电话副机应置于恭桶侧前方，距恭桶前沿 230mm 左右处。

晾衣绳安装的位置距地面 1700～1750mm。

梳妆镜、化妆放大镜安装，以镜面中心点距地面 1600～1650mm 为宜；吹风机的高度在 1650～1700mm。

浴巾架安装高度为 1350mm。

第二，应关注镜前、恭桶、浴缸的分区照明的设计，方便宾客使用。

第三，防滑防溅处理。

卫生间的防滑防溅处理直接关系到使用的安全性。

卫生间地面装修应采用防滑材料，浴缸、淋浴间内应配置防滑垫或防滑板，浴帘应选用具有垂重性能的材料制作，应处理好淋浴间门的密闭性。条件许可应尽量采用干湿分区设计等。

第四，排风设施。

保持空气清新是卫生间的基本要求，卫生间应具备合理的排风设施，为此应在浴缸、淋浴间、恭桶上方设置通风排气设施，排风设备应维护良好，无噪声。还应关注地漏的处理，避免气味溢出。

第五，其他。

在卫生间中可设置扶手、访客等待按钮、SOS 按钮、手机搁板及安全提示等各种标志，方便宾客使用，提高卫生间的安全性和方便性。

2.19 电话机、电视机等设施

2.19.1 必备项目有关电话机、电视机的要求

一星级：不要求。

二星级：客房内应配备电话、彩色电视机等设施，且使用效果良好。

三星级：客房内应配备电话、彩色电视机等设施，且使用效果良好。

四星级：客房内应有饭店专用电话机，可以直接拨通或使用预付费电信卡拨打国际、国内长途电话，并备有电话使用说明和所在地主要电话指南。应有彩色电视机，画面和音质良好，播放频道不少于 16 个，备有频道目录。

五星级：客房内应有饭店专用电话机，方便使用，可以直接拨通或使用预付费电信卡拨打国际、国内长途电话，并备有电话使用说明和所在地主要电话指南。应有彩色电视机，画面和音质优良，播放频道不少于 24 个，频道顺序有编辑，备有频道目录。

2.19.2 释义

1. 电话机

饭店专用电话机是指根据饭店使用需求而设计的，具有特定服务功能与多组快捷拨打按键的专用电话机。应具备以下三个基本条件：

第一，特制面板：印制饭店店徽、常用电话号码、使用说明和一键通标志。

第二，一键通速拨功能：饭店常用服务项目采用一键通呼叫方式。

第三，留言与语音信箱功能：可根据留言指示灯提示，提取语音信息。

第四，主要电话指南可采用所在地统一的黄页，也可由饭店根据宾客的需要自行编制。

2. 电视机

饭店应根据星级要求和客房面积大小配备适应宾客需要的电视机，图像清晰、音质良好、操作灵便，频道设置数量符合要求，并按一定规律分类集中编排，目录清晰，便于使用。

电视频道设置应按照以下顺序：中央台—各省（自治区、直辖市）台—地方台—饭店自办节目—外语频道或外语节目。

2.20　背景音乐

2.20.1　必备项目有关背景音乐的要求

一星级：不要求。

二星级：不要求。

三星级：不要求。

四星级：不要求。

五星级：客房应有背景音乐，音质良好、曲目适宜、音量可调。

2.20.2　释义

饭店客房背景音乐是指饭店为烘托气氛、创造完美空间与情趣而设置的声音装置。有三种设置方式：

第一，作为饭店公共音响系统的一部分，在客房设置播音器与控制开关。

第二，客房电视机预设两个专用音乐频道。

第三，在客房配置音乐播放器与音乐碟片。

所谓"曲目适宜"是指饭店根据宾客需要，播放曲目有多种选择；所谓"音量可调"是指背景音乐装置有宾客自行调节的音量控制开关。

2.21　客房遮光

2.21.1　必备项目有关客房遮光的要求

一星级：有遮光效果较好的窗帘。

二星级：有遮光效果较好的窗帘。

三星级：客房内应有遮光和防噪声措施。

四星级：应有内窗帘及外层遮光窗帘，遮光效果良好。

五星级：应有纱帘及遮光窗帘，遮光效果良好。

2.21.2　释义

为增强客房舒适度，保证宾客起居方便和睡眠质量，星级饭店应配备洁净的内层窗帘和外层窗帘。

第一，内层窗帘的要求。

内层窗帘的作用是防止阳光直射并起到一定的遮挡室外视线的作用，面料一般为薄型和半透明织物。

第二，外层窗帘的要求。

外层窗帘要求不透明，具有隔热、遮光、吸音等功能，质地考究，悬垂性好，图案及色彩艺术美观，与客房氛围相协调。

第三，安装要求。

窗帘附件配套完善，窗帘轨道安装稳固，内外层窗帘具有独立开启功能，滑动顺畅，窗帘各端闭合严密，遮光效果良好。轨道交叉重叠一部分，确保遮光性能。

2.22 客房隔音

2.22.1 必备项目有关客房隔音的要求

一星级：不要求。

二星级：有防噪声及隔音措施。

三星级：客房内应有遮光和防噪声措施。

四星级：应有防噪声及隔音措施，效果良好。

五星级：应有防噪声及隔音措施，效果良好。

2.22.2 释义

声学研究表明，人耳常用声音范围的声压级在 40 ~ 80dB，超过这个范围，将会给人带来烦恼，甚至造成耳的损伤。就饭店客房而言，噪声控制在 35dB 左右，人们的主观感觉非常安静；45dB 左右比较安静。超出上述范围，客房声音环境的舒适度将受到影响。

客房降低噪声污染应从解决噪声源入手。在饭店建筑设计中应高度关注建筑的地理位置、朝向、造型、外立面材质等相关环节，力争减少噪声对客房的声污染。

1. 窗户隔音处理

窗户是噪声进入客房的主要途径，解决窗户隔音问题一般采用以下方法：

第一，以塑钢窗替代铝合金窗。塑钢横拉式窗的隔音性能取决于两片窗之间以及窗与窗框之间的密合度，而推开式窗则是取决于其关闭后窗与框的密合度。与铝合金窗"硬碰硬"不同，塑钢窗一般采用胶条密封，隔音效果较明显。

第二，采用中空玻璃。中空玻璃是由两层或多层平板玻璃构成，四周用高强度气密性好的复合黏剂，将两片或多片玻璃与铝合金框或橡皮条黏合，密封玻璃之间留出空间，充入惰性气体，以获取优良的隔热隔音性能。由于玻璃间内封存的空气或气体传热性能差，因而有较好的隔音效果。中空玻璃还可以在夹层摆入不同的窗花，形成视觉景观。

第三，使用夹层玻璃。夹层玻璃是指在两片或多片玻璃之间夹上 PVB 中间膜。PVB 中间膜能减少穿透玻璃的噪声数量，降低噪声分贝，达到隔音效果。

2. 门的隔音处理

面对走廊的门是客房防噪的薄弱环节。一般的双层夹板门的隔音量仅为 20dB 左右，主要原因在于门的重量不够、门缝不严密，特别是门与地面间所形成的缝隙过大，原则上该缝隙应限制在 10mm 以内。提高门的隔音性能，一般可采用以下方法：

第一，适当提高门的单位面积重量。

第二，在门缝处增加密封条。

第三，在门下部增设隔音条。

第四，在客房进门处的顶棚上配置吸音材料。

3. 隔断墙隔音处理

客房间隔断墙的隔音效果直接关系到客房产品的品质。提高隔断墙的隔音效果的一般方法有：

第一，客房的装饰吊顶应高度注意隔音处理。通常吊顶采用 5cm 左右的塑料泡沫板做隔音材料，泡沫板与楼板应保持一定的距离，以提高吸音的效果。

第二，应选用隔音材料（隔声毯、吸音棉、壁纸等）建造客房间的隔断墙。

第三，选用吸音装饰板，提高隔断墙的隔音性能。

第四，注意水管、空调等线路管道的隔音处理等。

4. 减少客房内部噪声干扰

应高度重视设施设备维护保养，减少空调通风口、电冰箱、恭桶排水、排气扇等设备的噪声。

2.23　电源插座

2.23.1　必备项目有关电源插座的要求

一星级：不要求。

二星级：应有两种以上规格的电源插座。

三星级：应有两种以上规格的电源插座，位置方便宾客使用，可提供插座转换器。

四星级：应有至少两种规格的电源插座，电源插座应有两个以上供宾客使用的插位，位置合理，并可提供插座转换器。

五星级：应有至少两种规格的电源插座，电源插座应有两个以上供宾客使用的插位，位置方便宾客使用，并可提供插座转换器。

2.23.2　释义

1. 电源插座

世界上不同国家和地区电器所配置的电源插头型制繁多、规格多样，如英国、新西兰、中国香港地区等使用的英式插头为三个方头；美国、加拿大、墨西哥等使用的美式插头为一圆两扁；德国、法国、波兰、韩国等使用的欧式插头为两个圆头。在我国，插头插座的形式采用的是 GB 1002—1996 强制规范的三极扁插头插座系统。通常情况下，电源插座分为二眼、三眼、多联和组合等类型。为适应不同国家或地区插头的规格差异，星级饭店客房电源插座的插孔最少应在两种规格以上。

2. 插座转换器

所谓插座转换器既是一种移动式电源插座，型制为：插头部分是我国系统型制，插座部分为世界其他国家和地区的系统型制。为满足不同宾客的需要，三星级以上饭店应在客房内或客房服务中心配置数量充足的插座转换器。

3. 客房插座位置

为方便宾客使用，电源插座应分别设置在卫生间洗面台侧墙面、客房写字台上方或侧面、床头柜上方。

4. 不间断电源插座

为方便宾客、节约能源，饭店客房应设置两个以上不间断电源插座。不间断电源插座应有明显标志。

2.24　客房印刷品、文具

2.24.1　必备项目有关客房印刷品、文具的要求

一星级：客房内应备有服务指南、住宿须知等资料。

二星级：客房内应备有服务指南、住宿须知等资料。

三星级：客房内应有与本星级相适应的文具用品，备有服务指南、住宿须知、所在地旅游景点介绍和旅游交通图等，提供书、报刊。

四星级：客房内应有与本星级相适应的文具用品，备有服务指南、住宿须知、所在地旅游资源信息和旅游交通图等，可提供与住店宾客相适应的书、报刊。

五星级：客房内应有与本星级相适应的文具用品，备有服务指南、住宿须知、所在地旅游景点介绍和旅游交通图，提供与住店宾客相适应的报刊。

2.24.2　释义

1. 客房印刷品

客房印刷品是饭店与宾客沟通，传递服务理念，推销服务产品的重要手段。客房印刷品通常包括服务指南、住宿须知、酒水单、送餐菜单、洗衣单、环保卡、网络使用说明、服务产品推销卡等。高星级饭店还应根据客源结构，有选择地提供适宜的报刊及相关阅读物。客房印刷品要求：

第一，内容与实际服务吻合，语言、文字、联系电话等准确、流畅、清楚。

第二，图案、色彩与饭店装修总体风格协调，富有美感和文化性。

第三，印刷精美，便于阅读。

第四，摆放方式醒目合理，保养良好。

2. 客房文具

客房文具是星级饭店为更好服务、方便于宾客而提供的一种客房用品，是客房服务产品的重要组成内容。客房文具主要包括铅笔、橡皮擦、尺子、回形针、大头别针、胶水、涂改液、订书机等，应配备造型别致、精美的文具盒，摆放在客房写字台区域，以及时补充。

2.25 布草

2.25.1 必备项目有关布草的要求

一星级：不要求。

二星级：不要求。

三星级：床上用棉织品（床单、枕芯、枕套、被芯、被套及床衬垫等）及卫生间针织用品（浴衣、浴巾、毛巾等）材质良好、柔软舒适。

四星级：床上用棉织品（床单、枕芯、枕套、被芯、被套及床衬垫等）及卫生间针织用品（浴巾、浴衣、毛巾等）材质较好、柔软舒适。

五星级：床上用棉织品（床单、枕芯、枕套、被芯、被套及床衬垫等）及卫生间针织用品（浴巾、浴衣、毛巾等）材质高档、工艺讲究、柔软舒适。可应宾客要求提供多种规格的枕头。

2.25.2 释义

客房布草的舒适程度与织物的含棉量、重量、刚力、弯曲度、摩擦系数、透气吸湿性能等因素有关。根据舒适度要求，星级饭店床单、被套、枕套等床上用棉制品与卫生间针织用品的纱支、重量、规格等，应根据饭店星级高低，符合本标准的相关要求，应高度重视布草的洗涤和日常管理工作。具体为：

床单通常采用纯棉平纹布、纯棉缎条布、纯棉贡缎布、T/C 面料，要求布面光洁，透气性能良好，无疵点，无污渍。

被套应外观整洁，线型均匀，边缝整齐，无断线，不起毛球，无污损，不褪色，经过阻燃处理，夹层可使用定型棉或中空棉。三星级饭店以优质装饰布面料为主，四、五星级以高档面料为主。

衬垫应吸水性能好，能有效防止污染物质的渗透，能与软垫固定吻合。

枕套以全棉、白色为主，布面光洁，无明显疵点，无污损，规格与枕芯相配。

枕芯应松软舒适，有弹性、无异味，具有三种质地以上，如羽绒、中空棉、荞麦等。

2.26　整理客房服务

2.26.1　必备项目有关整理客房服务的要求

一星级：客房、卫生间应每天全面整理一次，隔日或应宾客要求更换床单、被套及枕套，并做到每客必换。

二星级：客房、卫生间应每天全面整理一次，隔日或应宾客要求更换床单、被套及枕套，并做到每客必换。

三星级：客房、卫生间应每天全面整理一次，每日或应宾客要求更换床单、被套及枕套，客用品补充齐全。

四星级：客房、卫生间应每天全面整理一次，每日或应宾客要求更换床单、被套及枕套，客用品和消耗品补充齐全，并应宾客要求随时进房清理。

五星级：客房、卫生间应每天全面清理一次，每日或应宾客要求更换床单、被套及枕套，客用品和消耗品补充齐全，并应宾客要求随时进房清理。

2.26.2　释义

整理客房服务作为客房服务的基本内容应成为星级饭店常规性服务项目，应关注以下环节：

第一，饭店应制定完善的管理制度和操作流程。

第二，应强化员工培训，增强员工主动服务的意识。

第三，员工在服务过程中应强化与宾客的沟通，保证客房安全和宾客的私密性。

第四，为保护环境，减少洗涤量，饭店应在客房设立环保卡，引导宾客绿色消费。

第五，应适应宾客的生活习惯。

2.27　客房互联网服务

2.27.1　必备项目有关客房互联网服务的要求

一星级：不要求。

二星级：不要求。

三星级：客房内应提供互联网接入服务，并有使用说明。

四星级：应提供互联网接入服务，并备有使用说明，使用方便。

五星级：应提供互联网接入服务，并备有使用说明，使用方便。

2.27.2 释义

客房互联网接入已成为现代饭店客房必不可少的服务设施，星级饭店需要高度重视。在具体工作中要注意：

第一，应采用 10 兆以上宽带接入方式。

第二，网络接口应置于写字台附近，并配有醒目标志；条件允许可在床头附设网络接口。

第三，设置简捷，使用方便。

第四，备有网线，有使用说明，使用说明文字简洁、清晰，制作精美。

第五，无线网络接入方式，是现代饭店客房互联网设施配置的另一种形态，强调使用的有效性、稳定性。

2.28 夜床服务

2.28.1 必备项目有关夜床服务的要求

一星级：不要求。

二星级：不要求。

三星级：不要求。

四星级：应提供开夜床服务，放置晚安致意品。

五星级：应提供开夜床服务，夜床服务效果良好。

2.28.2 释义

开夜床服务是高星级饭店个性化、温馨化服务的一种方式，体现饭店对宾客热情、周到和无微不至的关怀。

夜床服务主要包括房间整理、开夜床、卫生间整理三项工作。尤其在开夜床过程中，要注意床铺平整美观，枕头排放整齐，窗帘关闭到位，灯光调节合理，晚安致意品精致美观，有收藏纪念意义。关注宾客的消费习惯。

2.29 微型酒吧及饮用水

2.29.1 必备项目有关微型酒吧及饮用水的要求

一星级：客房内应提供热饮用水。

二星级：客房内应提供热饮用水。

三星级：客房内应 24 小时提供热饮用水，免费提供茶叶或咖啡。

四星级：应提供客房微型酒吧服务，至少 50% 的房间配备小冰箱，提供适量酒和饮料，并备有饮用器具和价目单。免费提供茶叶或咖啡。提供冷热饮用水，可应宾客要求提供冰块。

五星级：应提供客房微型酒吧（包括小冰箱）服务，配置适量与住店宾客相适应的酒和饮料，备有饮用器具和价目单。免费提供茶叶或咖啡。提供冷热饮用水，可应宾客要求提供冰块。

2.29.2 释义

1. 客房热饮用水

为宾客提供热饮用水服务是客房产品的一项基本内容，根据不同的星级要求，可通过在客房或楼层配备暖水瓶、电热水壶的方式解决。

2. 微型酒吧

微型酒吧是高星级饭店必要的客房设施，用于盛放适应宾客需要的各种小食品、饮品以及杯具等方便宾客使用。需要注意的是：

第一，小食品、饮品、酒品的选择与配备应与饭店客源消费特征紧密联系。所有食品、饮品应在保质期内。

第二，食品、饮品、酒类的摆放具有艺术性，美观整洁。

第三，食品单、酒水单内容与配备物品一致，价格清楚。

第四，管理到位，及时清点，整理补充。

2.30 洗衣服务

2.30.1 必备项目有关洗衣服务的要求

一星级：不要求。

二星级：不要求。

三星级：可应宾客要求提供洗衣服务。

四星级：应提供客衣干洗、湿洗、熨烫服务，可在 24 小时内交还宾客。可提供加急服务。

五星级：应提供客衣干洗、湿洗、熨烫服务，可在 24 小时内交还宾客。可提供加急服务。

2.30.2　释义

洗衣服务是客房服务的延伸，饭店可采用自设洗衣房或委托服务的方式予以提供。

第一，严格收衣、还衣服务流程，正确洗涤，服务效率高。

第二，洗衣单内容清晰明了，有明确的服务时间、价格、送衣方式。

第三，四、五星级饭店应采用布质洗衣袋，衣物应使用特制盛具交还，并根据宾客要求折叠或悬挂。

第四，加急服务指在注明的时间范围内，自收取衣物开始 3~5 小时交还宾客的服务。

2.31　送餐服务

2.31.1　必备项目有关送餐服务的要求

一星级：不要求。

二星级：不要求。

三星级：不要求。

四星级：应 18 小时提供送餐服务。有送餐菜单和饮料单，送餐菜式品种不少于 8 种，饮料品种不少于 4 种，甜食品种不少于 4 种，有可挂置门外的送餐牌。

五星级：应 24 小时提供送餐服务。有送餐菜单和饮料单，送餐菜式品种不少于 8 种，饮料品种不少于 4 种，甜食品种不少于 4 种，有可挂置门外的送餐牌，送餐车应有保温设备。

2.31.2　释义

送餐服务是高星级饭店客房服务个性化的体现，一般应做到：

第一，菜单印制精美，放置方便。

第二，菜品符合要求，餐具搭配适宜。

第三，送餐工具规范实用，维护保养良好，具有保温、防尘功能。

第四，服务流程规范、及时准确，服务到位。

第五，四星级饭店 18 小时的要求是指点餐时间。

2.32 叫醒服务、留言及语音信箱

2.32.1 必备项目有关叫醒服务、留言及语音信箱的要求

一星级：不要求。

二星级：应24小时提供接待、问询、结账和留言服务。

三星级：应24小时提供接待、问询、结账和留言服务。

四星级：应提供留言及叫醒服务。

五星级：应提供自动和人工叫醒、留言及语音信箱服务，服务效果良好。

2.32.2 释义

1. 叫醒服务

叫醒服务是星级饭店客房个性化服务的内容之一，一般指饭店根据宾客指定的时间通过电话唤醒宾客，其服务可使宾客放心安稳地休息而不错过出行或要事。

2. 留言

留言服务是星级饭店应接服务内容之一，是为住店宾客接收或发送对外留言所提供的服务。饭店留言服务分为宾客手写留言、电话留言等方式。其处理程序是：

第一，接到留言要求，取出留言簿，询问被留言宾客姓名、房号、留言内容，详细记录在留言簿上。若宾客到柜台当面留言，则请宾客自己填写留言条。

第二，复述留言内容，请留言人签署自己的姓名、单位、联系电话、留言时间，并填上记录人姓名。

第三，留言条装入信封，放于总服务台信息存储区，等待客人领取或开亮客人房间内电话机上留言灯进行提示。

第四，客人发现留言灯来电话询问时，应将留言内容告之客人或询问是否亲自查看留言。若需查看则由行李员送达客人房间，并及时关闭留言灯提示功能。

第五，如留言为留于尚未到店的客人，则应在预期到店客人名单上予以注明，将留言按客人姓名第一个字母顺序放于接待处，待客人办理登记手续时及时交于客人。

第六，如住店客人对外留言，应礼貌要求客人亲自书写，存放于柜台内，待

外来客人收取或电话询问时及时转交或告知客人。

3. 语音信箱

语音信箱服务是利用饭店智能化系统向住店宾客提供存储、传递语音信息、提取语音留言及其他辅助功能的一项服务。当有留言请求时，系统将来电转移到语音信箱中，让来电者留下口信，并点亮住店宾客房间电话的指示灯。宾客回到房间后，根据提示，可以"原声原味"地听到对自己的留言。

2.33　擦鞋服务

2.33.1　必备项目有关擦鞋服务的要求

一星级：不要求。

二星级：不要求。

三星级：客房内应备有擦鞋用具。

四星级：客房内应备有擦鞋用具，并提供擦鞋服务。

五星级：客房内应备有擦鞋用具，并提供擦鞋服务。

2.33.2　释义

客房擦鞋用具是指饭店在客房内为宾客准备的擦鞋布、擦鞋刷等用具。而高星级饭店的擦鞋服务则在必要配备的擦鞋用具以外，需要饭店在客房配备擦鞋框，并根据宾客要求，由饭店员工提供及时的擦鞋服务。

2.34　中餐厅

2.34.1　必备项目有关中餐厅的要求

一星级：不要求。

二星级：应有就餐区域，提供桌、椅等配套设施，照明充足，通风良好。

三星级：应有与饭店规模相适应的独立餐厅，配有符合卫生标准和管理规范的厨房。

四星级：应有布局合理、装饰设计格调一致的中餐厅。

五星级：应有装饰豪华、氛围浓郁的中餐厅。

2.34.2　释义

中餐厅是饭店餐饮服务功能的主要设施。应关注：

第一，宾客进出餐饮区域的通道设置合理，进入餐区的行走距离不宜过长。

第二，中餐厅应设置零点区域，应有分区设计，酒水台、收银台位置合理、格调高雅、设施完备；中餐厅餐座数量应与饭店经营需要相适宜，各型餐桌组合科学、间距适宜，餐座空间舒适。公共卫生间不置于餐区内。

第三，高度关注厨房与餐厅的相对关系，尽可能设置在同一楼层；传菜与收残线路设置科学，出菜口与餐区的传菜距离一般不超过40m；厨房有专用库房和垃圾收集设备。

第四，依据菜系与服务特色确定中餐厅的装修装饰方案，形成浓郁的氛围和高雅的就餐环境。

2.35 咖啡厅

2.35.1 必备项目有关咖啡厅的要求

一星级：不要求。

二星级：不要求。

三星级：不要求。

四星级：应有位置合理、格调高雅的咖啡厅（或简易西餐厅），提供品质较高的自助早餐。

五星级：应有位置合理、独具特色、格调高雅的咖啡厅，提供品质良好的自助早餐、西式正餐。咖啡厅（或有一餐厅）营业时间不少于18小时。

2.35.2 释义

有别于传统意义上的咖啡厅概念，饭店咖啡厅是餐厅的一种类型，以提供中西结合式自助餐为主要服务内容，也提供咖啡、饮料、酒水等服务。如五星级饭店不设专业西餐厅，咖啡厅则要求能按照宾客需求提供西式正餐。

咖啡厅通常设置在饭店交通便捷，宾客容易到达的区域，以西式风格为空间主导气氛，厅内流线顺畅，装饰与陈设精巧别致，氛围轻松。

咖啡厅所提供的自助餐要求菜肴品种多样、类型丰富、装饰精美、温度适宜，服务员只需提供简单服务，如引领就坐、斟倒酒水、换撤脏碟、结账等。

咖啡厅厨房应根据经营内容及规模配置，布局合理、设施齐备、制度健全、安全卫生。

2.36 外国餐厅或风味餐厅

2.36.1 必备项目有关外国餐厅或风味餐厅的要求

一星级：不要求。

二星级：不要求。

三星级：不要求。

四星级：不要求。

五星级：应有装饰豪华、格调高雅的西餐厅（或外国特色餐厅）或风格独特的风味餐厅，均配有专门厨房。

2.36.2 释义

西餐厅是指以西式正餐为主要经营内容的餐厅，体现档次的如扒房、意大利餐厅等。扒房通常以西方文化、艺术为主题，要求高雅、富丽，形成独特风格，讲究酒水、菜品与餐具的高档搭配，提供一流的专业化服务。

外国特色餐厅则是指以国外其他特色菜品为主要经营内容的餐厅，如日本料理、东南亚风味餐厅、巴西烤肉等。

风味餐厅是提供与中餐厅不同风味菜品服务的餐厅，通常以某一地区、某一民族的风味或某种独特原材料、某种特色烹饪方法与就餐特色为经营内容，如藏餐厅、火锅餐厅、特色面馆等。

五星级饭店应根据市场定位、地域特点及经营需要，在上述餐厅类型中灵活选择配置。但无论是西餐厅（或外国特色餐厅）还是风味餐厅，均应做到形质兼备、特色鲜明、做工精致、清洁卫生、服务一流，且必须根据餐厅类型，配置专业化的专用厨房。

2.37 宴会单间

2.37.1 必备项目有关宴会单间的要求

一星级：不要求。

二星级：不要求。

三星级：不要求。

四星级：应有宴会单间或小宴会厅，提供宴会服务。

五星级：应有 3 个以上宴会单间或小宴会厅，提供宴会服务，效果良好。

2.37.2 释义

宴会单间是举办小型宴会的餐厅，是高星级饭店餐饮服务与烹饪水平的集中体现。

第一，位置合理，方便进出，具有一定私密性；空间宽敞，便于宾客活动与员工服务。

第二，装修典雅豪华，富有文化特色；家具、设施等与空间面积比例协调，材质高档，制作精良，符合人体工程学原理；灯光设计专业，空气清新，背景音乐曲目考究，音量适宜。

第三，可附设备餐间、独立卫生间。

第四，根据宴会的规格、时间、特点、标准不同，采用不同的服务程序和方式，提供格调高雅、华丽舒适、技艺考究的服务产品。

2.38 酒吧或茶室

2.38.1 必备项目有关酒吧或茶室的要求

一星级：不要求。

二星级：不要求。

三星级：不要求。

四星级：应有专门的酒吧或茶室。

五星级：应有专门的酒吧或茶室。

2.38.2 释义

1. 酒吧

酒吧是指以吧台为中心的、以提供酒水服务为主的经营场所，包括酒廊、封闭式酒吧等类型。

酒吧设计要求体现某种意境或主题，色彩通常浓郁深沉，照明采用团装组合方式，音乐浪漫悠长，讲究轻松、个性，具有私密性的环境气氛。

2. 茶室

茶室以品茗为主，不专门供餐，不专门供酒，讲究色彩明亮、陈设雅致、文化氛围突出。

2.39 菜单、饮品单

2.39.1 必备项目有关菜单、饮品单的要求

一星级：不要求。

二星级：不要求。

三星级：不要求。

四星级：菜单及饮品单应装帧精美、完整清洁，出菜率不低于90%。

五星级：菜单及饮品单应装帧精美、完整清洁，出菜率不低于90%。

2.39.2 释义

菜单、饮品单是饭店向宾客提供餐饮产品的目录。其要求是：

第一，品名有特点，具有吸引力，容易记忆。

第二，价格明晰。

第三，有产品特点及单位量说明。

第四，图片与文字说明清楚易懂，外文翻译准确，印制精美、装帧精美，便于阅读。

第五，维护保养情况良好，及时更换。

第六，除时令蔬菜和因特殊烹饪方法需提前预约的菜品外，菜单上所列菜品在任何时间出菜率应不低于90%。

2.40 餐具

2.40.1 必备项目有关餐具的要求

一星级：不要求。

二星级：不要求。

三星级：不要求。

四星级：餐具应按中外习惯成套配置，无破损，光洁、卫生。

五星级：餐具应按中外习惯成套配置，材质高档，工艺精致，有特色，无破损磨痕，光洁、卫生。

2.40.2 释义

餐具是餐饮产品的重要组成部分，星级饭店应高度重视餐具的选择与使用，

应与不同菜系、不同风格餐厅、不同餐式的主题等要素相吻合、相搭配，以形成浓郁的特色氛围，提升餐饮服务质量。

高档餐具一般具有以下特点：

第一，白度或明度高。

第二，透光度高。

第三，釉面质量平整光滑，光泽度高。

第四，无变形或只有极轻微的变形。

第五，器形简练舒展，器壁较薄，规整光滑。

第六，装饰精美。

第七，具有能满足实用要求的理化性能，如一定的热稳性、釉面硬度等。

第八，根据菜式要求成套配置，西餐更是强调一菜一套的配置原则。

2.41 厨房

2.41.1 必备项目有关厨房的要求

一星级：不要求。

二星级：不要求。

三星级：应有与饭店规模相适应的独立餐厅，配有符合卫生标准和管理规范的厨房。

四星级：位置合理、布局科学，传菜路线不与非餐饮公共区域交叉。厨房与餐厅之间，采取有效的隔音、隔热和隔气味措施。进出门自动闭合。墙面满铺瓷砖，用防滑材料满铺地面，有地槽。冷菜间、面点间独立分隔，有足够的冷气设备。冷菜间内有空气消毒设施和二次更衣设施。粗加工间与其他操作间隔离，各操作间温度适宜，冷气供给充足。应有必要的冷藏、冷冻设施，生熟食品及半成食品分柜置放，有干货仓库。洗碗间位置合理，配有洗碗和消毒设施。应有专门放置临时垃圾的设施并保持其封闭，排污设施（地槽、抽油烟机和排风口等）保持清洁通畅。采取有效的消杀蚊蝇、蟑螂等虫害措施。应有食品化验室或留样送检机制。

五星级：位置合理、布局科学，传菜路线不与非餐饮公共区域交叉。厨房与餐厅之间，采取有效的隔音、隔热和隔气味措施。进出门自动闭合。墙面满铺瓷砖，用防滑材料满铺地面，有地槽。冷菜间、面点间独立分隔，有足够的冷气设备。冷菜间内有空气消毒设施和二次更衣设施。粗加工间与其他操作间隔离，各操作间温度适宜，冷气供给充足。应有必要的冷藏、冷冻设施，生熟食品及半成食品分柜置放，有干货仓库。洗碗间位置合理，配有洗碗和消毒设施。应有专门放置临时垃圾的设施并保持其封闭，排污设施（地槽、抽油烟机和排风口等）保持清洁通畅。采取有效的消杀蚊蝇、蟑螂等虫害措施。应有食品化验室或留样送检机制。

2.41.2　释义

厨房是菜品的生产场所，是餐厅的主要配套项目。饭店应根据餐饮经营内容、餐厅规模与功能等要素合理配设不同类型的厨房。厨房设计建设中应注意：

1. 厨房空间布局与流线

第一，应合理布置生产流线，形成进货、粗加工、切配、烹饪、传菜、收残的循环体系，避免各功能区间的相互交叉。

第二，加工区与辅助区分离，库房、员工设施、办公室与各加工区域分隔。

第三，传菜与收残口应分离，洗碗间紧靠收残口；干湿应分离，做到糕点房、备餐间与洗碗间、粗加工间分隔；清浊应分离，做到洗碗间、粗加工间与其他区域分隔；冷热应分离，做到凉菜间、冻库与其他区域分隔；凉菜间独立分隔，具有充足的冷气，配有消毒设备。四、五星级饭店的凉菜间应配有二次更衣场所和消毒设施。

2. 厨房与餐厅的关系

原则上厨房与餐厅应处于同一楼层，连接通道顺畅，出菜口与餐桌的最远距离应控制在40m以内。餐厅与厨房之间应采取有效的隔热、隔音、隔味措施。送餐及收残通道门应使用双扇双向弹簧门，分为两种形式，一是送餐与收残同一门进出，二是送餐与收残不同门进出。也可利用建筑隔墙形成自然转折，还可采用风幕墙的办法形成良好的"三隔"效果。

3. 卫生与安全管理

生熟应分离，生熟食品分柜存放，加工工具分别配置。

在洗碗间、粗加工间、切配台等工作区域应放置密封加盖的垃圾桶，设置必要的垃圾专用转运区。四、五星级饭店应在饭店主体建筑外，设立封闭式低温垃圾中转库房。

厨房顶面应易于保洁，墙面满贴瓷砖，符合卫生防疫要求。

地面应具备干燥、清洁、防滑功能，排水沟畅通，设置防鼠网。

厨房内应配有燃气报警装置、喷淋装置、烟感（温感）装置和灭火毯。

厨房二级库房的面积应满足餐饮生产的需要。

厨房应具有良好的通风、排气、冷热调剂功能，生产环境舒适。

4. 厨房污水、油烟处理

厨房污水一般都属于高浓度有机废水，厨房污水处理需要把含油成分分离出来。目前常用的污水处理方法有隔油隔渣池、调节池、气浮处理装置、生化处理装置等。

厨房油烟的成分非常复杂，毒性大，对呼吸系统的损害尤为严重。常用的厨房油烟处理方法主要有：惯性分离法、静电沉积法、过滤法和洗涤法。

5. 食品化验室

饭店食品化验室应为独立封闭式，由专人负责，配备基本的采样设备、留样设备、化验设备，形成采样、48 小时留样、检测与出具报告的工作流程。

6. 食品留样送检机制

为强化饭店食品卫生管理，保证宾客安全消费，星级饭店应建立食品留样管理制度。其具体内容为：

第一，专人负责制。大型宴会、重要接待，饭店厨房必须由专人负责留样。

第二，应使用已消毒的器具取样，每餐、每样食品应留足 100g。

第三，食品取样后，应加盖食品罩或用保鲜膜密闭，贴好标签后放入冰箱冷藏室，保存 48 小时。

第四，建立留样记录：日期、餐次、留样食谱（菜名）、留样数量、留样人等，以备检查。

第五，留样冰箱为专用设备，严禁存放其他物品，应严格保持清洁卫生。

2.42 会议设施

2.42.1 必备项目有关会议设施的要求

一星级：不要求。

二星级：不要求。

三星级：应提供与饭店接待能力相适应的宴会或会议服务。

四星级：应有至少两种规格的会议设施，配备相应设施并提供专业服务。

五星级：应有两种以上规格的会议设施，有多功能厅，配备相应的设施并提供专业服务。

2.42.2 释义

会议设施是星级饭店，尤其是商务会议型饭店重要的服务功能。会议设施的规划必须根据饭店总体功能布局合理设计流线、规模和完善相关配套设备。

饭店会议设施的规模应以客房床位数为基准，应注意以下环节：

第一，会议设施有独立的出入口。如会议设施设在楼层上，则应考虑专用电梯、电动扶梯、楼梯等交通连接方式的设置。

第二，有序厅。所谓序厅是指连接会议厅与进出口之间的结构空间，用于宾客疏散、交流、休息及提供茶歇服务使用。序厅应考虑吸烟区域的分隔。

第三，会议厅有足够的照度，灯光分区控制，亮度可调节。具有良好的隔音、遮光效果。

第四，配有贵宾休息室，且靠近主席台，专用门与主席台连接。装修豪华、照明充足，具有浓郁的文化特色。配有专用卫生间。

第五，主席台上方应有活动自如、方便的会标悬挂系统。

第六，设置音控室。

第七，根据地区差异，可配置衣帽间，方便会议宾客寄存衣物。

第八，配置工作间，用于存放桌布、会议立卡、会标、茶叶、杯具等小件会议用具，并设计上下水管道，配备消毒设施，用于杯具的清洗、消毒。

第九，配置储物间，用于存放桌、椅等大件会议用品。

第十，400人以上的会议厅配置位置合理、数量充足的公共卫生间。

第十一，可根据需要配备必要的设备，并按照实际使用情况，布置电源插座、器材接口。

第十二，两种规格会议设施要求是指会议室面积和位置的区别与不同。

第十三，星级饭店应力争将会议设施集中在同一区域，形成饭店统一的会议中心。会议中心应尽量设在低楼层，便于人流疏散，并设置会议专用服务台，备有电脑、传真机、复印机等设施，方便会议宾客使用。

2.43　康乐设施

2.43.1　必备项目有关康乐设施的要求

一星级：不要求。

二星级：不要求。

三星级：不要求。

四星级：应有康体设施，布局合理，提供相应的服务。

五星级：应有康体设施，布局合理，提供相应的服务。

2.43.2　释义

饭店康乐项目大体上可分为康体和娱乐两大部分。饭店康乐设施设计应严格按照健康、安全、舒适的标准进行。应注意：

第一，按照康体与娱乐分类，各服务项目相对集中，并与客房区域相分隔，流线合理，导向标志完善清晰。

第二，室内通风良好、照明充足、温度适宜，家具摆放整齐，布草充足，绿色植物位置合理、维护良好。服务台内有宾客须知、营业时间、价目表等，提供接待、结账及饮品服务。

第三，安全通道畅通，出入口处及关键位置警示说明清晰，消防设备配置齐全。

2.44　室外环境

2.44.1　必备项目有关室外环境的要求

一星级：不要求。

二星级：不要求。

三星级：不要求。

四星级：饭店室外环境整洁美观。

五星级：饭店室外环境整洁美观，绿色植物维护良好。

2.44.2　释义

饭店室外环境主要包括饭店建筑外观、墙面与地面、店标、景观照明系统、绿化系统、室外导向系统、门前区域、室外停车场等，这是宾客对饭店第一感观关注的焦点。其重点是：

第一，建筑造型、风格及体量与周边环境协调；色调统一，富有美感；店标醒目、完好。

第二，雨棚体量与建筑匹配，有特色；门前区域整齐、有序；流线清晰合理，交通顺畅。

第三，园林、景观建设规范协调；景观照明有表现力；绿化植物选择合理、体量适宜、修剪得体，形成良好视觉形象。

第四，停车场及入口位置合理，流线清晰、畅通，回车线标志明显，导向性能强；物品、车辆等管理有序、整洁美观。

第五，建筑外观墙体、灯光、地面、店招、标志标牌等维护保养、清洁卫生；电线、网络线、空调机、广告牌等整齐、规范，视觉效果良好。

第六，饭店辅助建筑、设施与主体建筑适应。

2.45　后台设施

2.45.1　必备项目有关后台设施的要求

一星级：不要求。

二星级：不要求。

三星级：不要求。

四星级：饭店后台设施完备、导向清晰、维护良好。

五星级：饭店后台区域设施完好、卫生整洁、维护良好，前后台的衔接合理，通往后台的标志清晰。

2.45.2　释义

饭店后台区域指饭店对客服务功能区域以外的所有区域，包括厨房、工程设备、员工区域等。饭店后台区域与设施的情况体现饭店管理的精细化程度，其管理水平的高低直接影响饭店对客服务的效率与员工的质量意识。要求：

第一，饭店所有后台区域规划合理，流线通畅，连接紧密。

第二，后台设施配置到位，功能完善，运行良好。

第三，后台区域的墙面、通道、天花板、灯具、家具维护良好，无破损、无污渍，空气清新，照明充足。

第四，有企业文化专栏、信息栏等，各项管理制度与服务流程规范张贴在明显位置。

第五，前、后台衔接合理，使用"员工专用"或"Staff Only"标志，高星级饭店可采用门禁系统。

2.46 残障设施

2.46.1 必备项目有关残障设施的要求

一星级：应为残障人士提供必要的服务。

二星级：门厅及主要公共区域应有残疾人出入坡道。

三星级：门厅及主要公共区域应有残疾人出入坡道，配备轮椅，为残障人士提供必要的服务。

四星级：门厅及主要公共区域应有符合标准的残疾人出入坡道，配备轮椅，有残疾人专用卫生间或厕位，为残障人士提供必要的服务。

五星级：门厅及主要公共区域应有符合标准的残疾人出入坡道，配备轮椅，有残疾人专用卫生间或厕位，为残障人士提供必要的服务。

2.46.2 释义

饭店应根据自身实际，在前厅及其他服务区域设置残疾人通道、残疾人专用卫生间或厕位、残疾人轮椅、残疾人轮椅席位等专用设施，可采用盲文、盲道、手语、语音提示等方式强化对特殊人群的关怀。

2.47 停车场

2.47.1 必备项目有关停车场的要求

一星级：不要求。

二星级：应提供有回车线，或停车场。

三星级：应提供有回车线，并有一定泊位数量的停车场。

四星级：应提供有回车线，并有足够泊位的停车场，提供相应的服务。

五星级：应有效果良好的回车线，并有与规模相适应泊位的停车场。有残疾人停车位，停车场环境效果良好，提供必要的服务。

2.47.2　释义

随着人们生活水平的提高，停车场越来越成为影响饭店经营的重要因素，位置合理、流线方便、数量充足的停车场已成为饭店必不可少的附属设施。

1. 回车线的基本要求

回车线是指饭店为方便宾客直接抵达饭店主出入口而设置的供车辆掉头、会车的车道或空间。

回车线应有明晰的交通引导标志和必要的指挥、管理服务。

2. 停车场的基本要求

饭店的停车方式一般分为地面停车场、地面多层停车库、机械停车装置、地下停车库等。

饭店停车泊位数量规划应根据饭店地理位置、占地面积、服务功能设置和空间条件等因素综合考虑。

停车场应远离易燃易爆的液体、气体贮存区域，应合理确定防火间距、消防车道和消防给水。人员安全出口和车辆疏散出口应分开设置。

停车场应根据外部交通流线方向，规划出入口位置，减少干扰和不安全因素，方便宾客车辆进出。引导标志应清晰、明了。

合理分区，按照"大小车分置，大车靠近入口"的原则设置；场内停车线清晰、明确，形成合理的循环流线。

管理人员仪容仪表具有职业风貌，服务语言与动作规范体现饭店服务水平等。

地面停车场的残疾人停车车位应离出入口最近，地下停车场的残疾人停车车位应离电梯最近。

2.48　饭店电梯

2.48.1　必备项目有关饭店电梯的要求

一星级：不要求。

二星级：5层以上（含5层）的楼房有客用电梯。

三星级：4层（含4层）以上的建筑物有足够的客用电梯。

四星级：3层以上（含3层）建筑物应有数量充足的高质量客用电梯，轿厢装修高雅；配有服务电梯。

五星级：3层以上（含3层）建筑物应有数量充足的高质量客用电梯，轿厢装饰高雅，速度合理，通风良好；另备有数量、位置合理的服务电梯。

2.48.2 释义

电梯由大量机械构件和电子、电气、大规模集成电路组成的微型计算机系统及声、光控制部件所组成。饭店电梯是饭店档次和服务水平的体现。按照使用功能，饭店电梯分为客用电梯和服务电梯。

1. 客用电梯

饭店客用电梯的数量与饭店服务档次有关，高星级饭店宾客平均候梯时间应在30秒以内，中、低星级饭店应在40秒以内。

电梯轿厢的规格，应依据饭店星级选用。轿厢在上下运行中与到达时应有清晰显示和报层音响，应具备停电后能实现自动平层的功能，启动、停止时应无失重感，具备监控接口，轿厢内有与外界联系的对讲功能，轿厢关闭后应空气清新、温度适宜、照明良好。

2. 服务电梯

服务电梯是指饭店为确保对客服务快速高效而设置的运输设备，包括员工电梯、货梯、消防电梯等。

员工电梯是指供饭店员工使用，既可载人，亦可运送小件物品的工作电梯。

货运电梯是指根据饭店自身需求而设置的，用于运载大宗货物及物品的垂直运载工具，其载重量应充分满足货物运输的要求。

消防电梯是供消防灭火使用的专用电梯，应设专用电话、专用操作按钮等。专用操纵按钮是消防电梯特有的装置，火灾发生时，消防队员使用此钮的同时，常用的控制按钮失去效用，使消防电梯迅速降到首层，保证消防队员的使用。

服务电梯应设置于饭店后台区域，注重与员工通道、货物进出通道的连接，且应有明显的标志。在客房楼层段应采取隔噪、降噪措施，以避免对客房的干扰。

2.49 公共卫生间

2.49.1 必备项目有关公共卫生间的要求

一星级：公共区域应有男女分设的公共卫生间。

二星级：公共区域应有男女分设的公共卫生间。

三星级：应有男女分设、间隔式公共卫生间。

四星级：主要公共区域应有男女分设的间隔式公共卫生间，环境良好。

五星级：各公共区域均应有男女分设的间隔式公共卫生间，环境优良、通风良好。

2.49.2　释义

公共卫生间是指设置于饭店各公共区域的、供宾客使用的卫生间，其硬件档次与管理水平体现饭店的等级与质量。

公共卫生间的设置应体现私密性，导向清晰，易于寻找。卫生间入口的设置符合男左女右的习惯，采用前室、盥洗、厕所的布局方式。

公共卫生间应高度重视镜前灯、厕位灯等分区照明、目的物照明的设计，室内温度应与饭店公共区域一致。

盥洗台应具备冷热水功能，附设喷香机、烘手器、洗手液、擦手纸、嵌入式或隐蔽式废纸箱。

应高度关注防水工程和隐蔽工程。

2.50　商品部

2.50.1　必备项目有关商品部的要求

一星级：不要求。

二星级：不要求。

三星级：不要求。

四星级：应有商品部，出售旅行日常用品、旅游纪念品等。

五星级：应有商品部，出售旅行日常用品、旅游纪念品等。

2.50.2　释义

商品部是为方便住店宾客而配置的附属性服务功能，是高星级饭店必须具备的功能空间。

饭店商品部以销售宾客日常用品为主，兼营工艺品、旅游纪念品、地方特色商品等。

通常饭店商品部设置在饭店的一层或二层人流较多的地方，不宜设置在前厅的显著位置。设计应与饭店整体规模相协调，与饭店风格相统一，体现地域特色，装修精美，明码实价，服务良好。

2.51　商务中心

2.51.1　必备项目有关商务中心的要求

一星级：不要求。

二星级：不要求。

三星级：应为宾客办理传真、复印、打字、国际长途电话等商务服务，并代发信件。

四星级：应有商务中心，可提供传真、复印、国际长途电话、打字等服务，有可供宾客使用的电脑，并可提供代发信件、手机充电等服务。

五星级：应有商务中心，可提供传真、复印、国际长途电话、打字等服务，有可供宾客使用的电脑，并可提供代发信件、手机充电等服务。

2.51.2　释义

商务中心是重要的服务功能，一般应设置在饭店主要营业区域，位置易于寻找，有明显的标志；应按照星级的要求配备相应的办公设备；供宾客使用可连接互联网的电脑，应区域相对分隔，保证宾客隐私；完备的商务中心应提供传真、复印、国际长途电话、打字等服务。所有营业时间、服务项目及收费标准应明示。

2.52　公用电话

2.52.1　必备项目有关公用电话的要求

一星级：有公用电话。

二星级：有公用电话。

三星级：有公用电话。

四星级：有公用电话。

五星级：有公用电话，并配有便签。

2.52.2　释义

饭店公用电话是指为宾客实施店内联络使用所配置的设施，应设置在饭店具有一定私密性的空间位置；附设电话台、便签、铅笔等便客设施；应有明显标志，照明良好，定时消毒，通话顺畅，音质良好。

2.53 应急照明设施与应急供电系统

2.53.1 必备项目有关应急照明设施与应急供电系统的要求

一星级：有应急照明设施。

二星级：有应急照明设施。

三星级：应有应急照明设施和应急供电系统。

四星级：应有应急照明设施和应急供电系统。

五星级：应有应急照明设施和应急供电系统。

2.53.2 释义

1. 饭店应急照明设施

根据《建筑照明设计标准》（GB 50034—2004）的规定，应急照明包括备用照明、安全照明和疏散照明三种类型。

饭店备用照明是指当正常照明因故障熄灭后，为保证饭店经营而设置的必要照明或在发生火灾时为保证消防工作正常进行而设置的照明。

饭店安全照明是指在正常照明发生故障时，为确保饭店关键区域及人员安全而设置的照明。

饭店疏散照明是指当正常照明因故障熄灭后，为避免意外事故的发生，对饭店人员进行及时安全疏散，在饭店所有出口、通道等处设置的指示出口位置及方向的疏散标志灯及疏散通道照明。

应急照明的照度标准值应符合下列规定：

第一，备用照明的照度值除另有规定外，不低于该场所一般照明照度值的10％。

第二，安全照明的照度值不低于该场所一般照明照度值的5％。

第三，疏散通道的疏散照明的照度值不低于0.5Lx。

应急照明为正常照明电源故障时使用，因此除正常照明电源外，应由与正常照明电源独立的电源供电。可以选用以下几种方式的电源：

第一，分别接自两个区域变电所（站），或接自同一变电所（站）的不同变压器引出的馈电线。

第二，专用的应急发电机组。

第三，蓄电池组，包括集中或分区集中设置的，或灯具自带的蓄电池组。

第四，上述两种方式中，2~3 种电源的组合。

在正常电源断电后，饭店的疏散照明和备用照明应保证在 15 秒内切换，安全照明应保证在 0.5 秒内切换。

按《建筑设计防火规范》（GBJ 16—87，2001 年版）和《高层民用建筑设计防火规范》（GB 50045—95）规定，疏散照明的应急持续工作时间不应少于 20 分钟，高度超过 100m 的高层建筑不应少于 30 分钟，安全照明和备用照明的持续时间工作不少于 20 分钟。

对于未配备自备发电设施的饭店，在驻留空间、流动空间等区域建议配置适量的、自带蓄电功能的应急照明灯具；对于已配备自备发电设施的饭店，在驻留空间建议配置少量的、自带蓄电功能的应急照明灯具。

2. 应急供电系统

为确保饭店供电的连续性，饭店供电系统的主结线方式通常采用两种形式：

第一，两路供电，互为备用。

这种结线方式是指两路高压分别来自于两个不同的变电站（所），当一路高压电源发生故障断电时，通过高压联络柜手动或自动切换，由另一路高压电源承担全部负荷。此种方式按照饭店 100% 的变压器容量考虑。

第二，两路供电，一备一用。

许多饭店由于受条件限制，无法采用两路常用高压电源同时连接时，可采用这种供电方式。备用高压电源一般由一路专用供电线路引入，只允许短时间内使用。当常用高压线路发生故障断电时，经手动或自动将备用高压电源投入使用。一旦常用高压电源故障排除，立即恢复到原来的常用线路上，备用高压电源仍处于备用状态。为防止两路高压电源同时发生故障断电，许多饭店还配置柴油发电机组提供应急电源，承担消防、应急照明等任务。

3. 自备发电设施

许多中小城市由于受条件所限，仅能做到一路高压供电时，饭店常采用自备发电设施的方法解决用电安全问题。

自备发电设施是指饭店为确保饭店用电的完全性、连续性所配置的自备柴油发电机组，通常由 1～2 台同一型号、同一容量的成套机组设备组成。机房一般设在变配电设施的附近，总容量一般不低于变压器总容量的 10%～20%，配出电压为 0.4/0.23kV。具备自起动装置，与供电系统连锁，当正常供电系统断电时，发电机组应在 10 秒内起动，并在 40 秒内达到额定电压值；当正常供电系统恢复供电后，发电机组应持续运行 40 秒，待确认供电系统正常后方能停机。

2.54 闭路电视监控系统

2.54.1 必备项目有关闭路电视监控系统的要求

一星级：不要求。

二星级：不要求。

三星级：不要求。

四星级：主要公共区域有闭路电视监控系统。

五星级：主要公共区域有闭路电视监控系统。

2.54.2 释义

1. 闭路电视监控系统的构成

闭路电视监控系统是饭店安全管理与控制的重要手段，由摄像、传输、控制、图像处理与显示四个部分组成。

2. 饭店闭路电视监控的区域

饭店闭路电视监控区域一般分为户外区域、公共区域和重点防范区域。

户外区域包括饭店主入口、前后广场、停车场、花园、庭院及周边环境、饭店屋顶平台等。

公共区域包括饭店出入口、前厅、客房廊道、餐厅、电梯间、电梯轿厢内等。

重点防范区域包括饭店总服务台、贵重物品保险室、行李房、店内所有收银处、饭店重要设施（如计算机房、库房、财务室、档案室等）。

监控中心应设在相对隐秘安全区域内，并应采取防潮、防雷及温控措施。监控中心可与消防控制中心共用同一空间。

3. 摄像点的位置

摄像点的布置直接影响整个系统的功能，应减少盲区。

室内公共区域摄像头的安装高度应高于 2m，室外区域应高于 3.5m。在电梯轿厢内应置于顶部，与电梯操作面板形成对角，摄像视角应与电梯两壁及天花板成 45°角，不留盲区，不逆光。

摄像点的布置应充分尊重宾客的隐私，饭店所有监控点均应设有明晰的提示牌。

4. 监控资料的管理

饭店监控资料涉及宾客的隐私，是饭店经营安全的重要数据，应专人管理，建立严格的存储、拷贝、取阅、保密等管理制度。资料留存时间应符合所在地公安部门的相应规定。

2.55　紧急出口、逃生通道与安全避难场所

2.55.1　必备项目有关紧急出口、逃生通道与安全避难场所的要求

一星级：不要求。

二星级：不要求。

三星级：紧急出口标志清楚，位置合理，无障碍物。

四星级：紧急出口标志清楚醒目，位置合理，无障碍物，有符合规范的逃生通道、安全避难场所。

五星级：紧急出口标志清楚醒目，位置合理，无障碍物，有符合规范的逃生通道、安全避难场所。

2.55.2　释义

饭店应严格按照国家相关法规的要求设置安全逃生通道和避难场所。

1. 紧急出口

紧急出口应采用蓄电发光标志，安装位置不与前进方向平行，便于宾客观察。走道等区域的疏散指示标志间的间距不超过 20m，衔接紧密，安装高度距地面 0.2~0.3m，指示箭头应与疏散方向保持一致。

2. 逃生通道

饭店逃生通道是指在饭店发生突发性事件时，为保证宾客 4~6 分钟内疏散

到安全场所和室外所设置的通道，包括走廊、疏散楼梯、出口及其他辅助性设施。其要求是：

第一，饭店逃生通道是保证饭店安全性的必备设施，其设计应严格按照国家消防法规执行。

第二，饭店各功能区域逃生通道应高度关注疏散距离、通道宽度、标志系统、应急照明设施、强排烟配置、无障碍化等环节的设计与建设。

第三，疏散出口门应向外开启，不得上锁；严禁堵塞或占用逃生通道；严禁在逃生通道出口和通道上安装栅栏等影响疏散的障碍物；禁止遮挡疏散指示标志。

3. 安全避难场所

安全避难场所是指在饭店自然灾害及突发事件发生时供住店宾客及员工躲避灾难的场所。建筑高度100m以上的饭店可利用自身绿地、公园、庭院以及周边城市设施形成安全避难场所。原则上，安全避难场所与饭店建筑距离控制在500m范围内。安全避难场所应避开高大建筑、易燃易爆、有毒物品等危险设施，通道顺畅，无障碍物，导向标志完善清晰，配套相应的救助设施。

饭店安全避难场所作为城市安全避难体系的组成部分，应与城市整体规划相适应。

2.56 员工设施

2.56.1 必备项目有关员工设施的要求

一星级：不要求。

二星级：不要求。

三星级：不要求。

四星级：应有必要的员工生活和活动设施。

五星级：应有完善的员工生活和活动设施。

2.56.2 释义

1. 员工设施的主要内容

员工设施包括员工生活设施和员工活动设施两个部分。员工生活设施主要指提供给员工使用的更衣间、浴室、卫生间、员工食堂、员工宿舍等；员工活动设施主要包括员工培训教室、员工娱乐室、员工体育活动场地等。

员工设施应相对集中,设有专用员工进出口通道,装修整洁、明亮,管理有序,清洁卫生。员工区域还应成为饭店企业文化的建设平台。

2. 员工生活设施

第一,员工食堂。

饭店员工的用餐方式主要有两种,一种是多种菜肴自由选购,一种是几种菜肴以快餐的方式供应,基本要求是快速、营养和卫生。

员工食堂的面积应满足需要,设有独立厨房,单独采购、储存、加工,实行独立经济核算。

第二,员工浴室、更衣间与卫生间。

员工浴室、卫生间、盥洗台等应做到设施充足、管理规范、维护良好,并根据饭店需要,为每个员工配备一个带锁更衣柜,保证冷热水供应。

第三,员工宿舍。

饭店应根据自身实际需要,配置足量的员工宿舍。员工宿舍的管理应体现人性化的原则,照明充足,维护良好,安全卫生,并充分考虑员工的实际需要,设置网络、电视、电话、洗衣、晾衣等设施。

3. 员工活动设施

应设备完善,环境良好,利于员工学习。员工娱乐室应有充足的用具、用品,并充分兼顾员工人生发展的需要,配备充足的各类电脑、书籍、报刊与活动用品,条件允许还可配备健身房等设施。

4. 员工培训教室

应根据饭店员工总数和培训计划,设置员工专用培训教室,配备必要的教学设施,满足员工培训需要。

设施设备评分表释义

3.1 标准1 地理位置、周围环境、建筑结构及功能布局

1	地理位置、周围环境、建筑结构及功能布局	30			
1.1	地理位置及周围环境		8		
1.1.1	地理位置			3	
	位于城市中心或商务区,旅游景区或度假区,机场、火车站、长途汽车站、码头等交通便利地带,可进入性好				3
	靠近城市中心或商务区,旅游景区或度假区,机场、火车站、长途汽车站、码头,可进入性较好				2
	可进入性一般				1
1.1.2	周围环境(饭店建筑红线内)			5	
	花园(独立于饭店主体建筑的绿化场地,面积较大,有观赏景物或建筑小品,花木保养得当,环境整洁)				5
	庭院(附属于饭店主体建筑,有一定的绿化和景观,可供散步、休闲,环境整洁)				3

3.1.1 标准1.1.2 花园与庭院的概念

花园是指独立于饭店建筑主体与车道的、总面积不小于饭店建筑群基底面积的饭店绿地。所谓饭店基底面积是指饭店建筑的平面投影面积。花园在环境中与建筑物遥相呼应、协调共生,并通过假山、亭阁、小桥、叠水、小溪等观赏景物或建筑小品规划,形成独特景观效果和服务价值,在饭店环境系统建设中具有生态功能、游憩功能和美化功能。

庭院是指附属于饭店建筑主体,并将建筑主体巧妙延伸,与外部空间有机组

合而成的室外休闲场所。庭院一般设置小径、雕塑、山石、坐椅等，供宾客观赏、散步、休憩。

3.1.2 饭店花园、庭院设计参考

饭店花园、庭院应有与饭店建筑风格、功能特点相适应的景观设计，做到整体与局部、重点与细节的统一，步移景异；应充分考虑宾客的可进入性与可逗留性；应有营造氛围、满足功能的灯光系统和背景音乐系统；应设置清晰美观、昼夜适宜的导向标志牌。

花园应形成分区合理、连接巧妙、动静分隔的功能组团。庭院应灵巧精致、清新幽雅。

根据需要，可在饭店花园、庭院内提供小食、饮品、娱乐、健身等服务项目，形成景观价值与服务价值的完美结合。

3.2 标准1.2 停车场

1.2	停车场(包括地下停车场、停车楼)	5		
1.2.1	停车位数量		4	
	自备停车场，车位不少于40%客房数			4
	自备停车场，车位不少于15%客房数			3
	在饭店周围200m内可以停放汽车，车位不少于15%客房数			2
	有回车线			1
1.2.2	合理利用空间，有地下停车场(停车楼)等		1	

饭店停车场详见2.47相关释义。

3.3 标准1.3 建筑结构及功能布局

1.3	建筑结构及功能布局	17		
1.3.1	前厅部位功能设施位置恰当、分隔合理，方便宾客使用 (酌情给1~3分)		3	
1.3.2	餐饮部位功能设施位置恰当、分隔合理，方便宾客使用 (酌情给1~3分)		3	
1.3.3	客房部位功能设施位置恰当、分隔合理，方便宾客使用 (酌情给1~3分)		3	

1.3.4	康乐及会议部位功能设施位置恰当、分隔合理,方便宾客使用(酌情给1~3分)		3	
1.3.5	饭店建筑历史悠久,为文物保护单位		5	
	全国重点文物保护单位,建立并实施严格的文物保护措施			5
	省级文物保护单位,建立并实施相应的文物保护措施			3
	市、县级文物保护单位			1
1.3.6	饭店配套设施不在主体建筑内,又没有封闭通道相连(度假型饭店除外)		-5	

3.3.1 标准1.3.1 前厅功能布局要求

第一,位置恰当、分隔合理,可得1分。

前厅主入口应置于饭店交通最便捷、最显著的位置,方便宾客进出。区域分隔合理,总服务台、大堂副理台、宾客休息设施、大堂吧、公共卫生间、商务中心、公共电话等服务功能完善。缺失一项扣除1分。

第二,流线清晰,可得1分。

服务流线、物品流线不得与宾客流线交叉,物品流线不得穿越前厅。宾客通往饭店各功能区域的通道和空间无障碍,保持通畅,导向标志清晰。缺失一项扣除1分。

第三,设施完善,维护保养良好,可得1分。

前厅各服务区域设施完善,维护保养良好,家具配饰格调高雅、材质优良。缺失一项扣除1分。

3.3.2 标准1.3.2 餐饮区域功能布局要求

第一,位置恰当,可得2分。

餐厅与厨房在同一楼层;传菜与收残线路不与非餐饮区域交叉;宴会厅、多功能厅配有序厅、贵宾休息室、专用厨房、家具储藏室和衣帽间等。缺失一项扣除1分。

第二,分隔合理,可得1分。

宾客进出餐饮区域的通道设置合理;餐厅有分区设计,酒水台、收银台位置合理;各型餐桌组合科学,间距适宜,餐座空间舒适。缺失一项扣除1分。

3.3.3 标准1.3.3 客房功能布局要求

第一，位置恰当，可得1分。

客房区域安排相对集中；客房与同楼层电梯厅的距离适度。缺失一项扣除1分。

第二，分隔合理，可得1分。

客房不与饭店其他设施位于同一楼层（行政楼层专设的酒廊除外）。缺失一项扣除1分。

第三，附属设施齐全。

有客房服务中心，客房楼层设置布草间、杯具消毒间。缺失一项扣除1分。

3.3.4 标准1.3.4 康乐设施功能布局要求

第一，功能相对集中，位置合理，可得1分。

健身房、游泳池、歌舞厅、KTV房、桑拿、SPA等相对集中设置，不与客房设在同一楼层；进出线路不与客房线路交叉，隔音防干扰性能好，导向标志完善清晰。缺失一项扣除1分。

第二，设施齐全，方便有效，可得1分。

有服务台，有宾客须知、营业时间、价目表等，提供接待、结账及饮品服务。室内通风良好、照明充足、温度适宜，家具摆放整齐。缺失一项扣除1分。

第三，安全，可得1分。

通道畅通，出入口处及关键位置警示说明清晰，消防设备配置齐全。缺失一项扣除1分。

3.3.5 标准1.3.5 饭店历史悠久，为文物保护单位

根据《中华人民共和国文物保护法》的相关规定，文物保护单位是指国家对不可移动文物所核定的保护级别。

省级文物保护单位由省、自治区、直辖市人民政府核定公布，并报国务院备案。

国家级文物保护单位则由国家文物局在省、市、县级文物保护单位中，选择具有重大历史、艺术、科学价值者确定为全国重点文物保护单位，或者直接确定，并报国务院核定公布。

3.3.6 标准 1.3.6 饭店配套设施不在主体建筑内又没有封闭通道相连（度假型饭店除外）

饭店配套设施指除客房以外的餐饮、会议、康乐设施等。凡上述设施如不在主体建筑内，又没有封闭式通道连接，在星评时应扣除 5 分，或者上述区域不得纳入星评计分范围内。而客房作为饭店的核心产品必须设在主体建筑内或采用封闭式通道连接。

3.4 标准 2 共用系统

3.4.1 标准 2.1.1 结构化综合布线系统

2	共用系统	52			
2.1	智能化管理系统		8		
2.1.1	结构化综合布线系统			2	

综合布线系统是指建筑物或建筑群内的传输网络，是饭店智能化系统的信息通道。通过预设线路的连接，可根据宾客需要，在饭店各区域不需加装临时线路即能实现多种服务功能。如视音频转播、客房电话双线制等。

结构化综合布线系统是衡量饭店智能化程度的重要标志，主要由作业区系统、水平布线子系统、垂直干线子系统、设备间子系统、管理子系统、饭店建筑群子系统组成。

3.4.2 标准 2.1.2 饭店消防系统

2.1.2	先进、有效的火灾报警与消防联动控制系统（含点报警、面报警、消防疏散广播等）			3

3.4.2.1 火灾报警与消防联动控制系统的功能

火灾报警与消防联动控制系统是由设在消防中心的消防控制设备、集中报警控制器、区域报警控制器和火灾探测器等组成的火灾自动报警系统。当火灾发生时，相关系统能实现自动联动。包括：

第一，控制气体灭火系统：当烟感、温感探测器发出信号时，专用控制箱控制气体喷射。设在消防控制中心内的气体灭火系统控制盘具有紧急启动和切换装置，在报警、喷射的各个阶段，消防控制中心有相应的声光信号响应。

第二，控制消火栓系统：安装在饭店内各处的消火栓箱一般都设有消防按钮，这些按钮可遥控启动消防水泵。控制中心能显示消防水泵的工作状态，并能紧急遥控启、停消防水泵。

第三，控制自动喷淋灭火系统：消防控制中心能显示对湿式报警阀、水流指示器、配水支管阀以及消防水泵的工作状态，能遥控启、停消防水泵。

第四，控制防排烟系统：防排烟设备常与空调通风设备同步控制。发生火灾时，由区域报警控制器内的联动触点切除空气通风装置电源，打开防、排烟阀门，防、排烟阀门上的辅助电器触点分别启动防烟风机（正压送风）和排烟风机，消防控制中心显示上述运行工作状态。

第五，控制电梯：当火灾发生时，控制中心将除消防梯以外的所有电梯自动迫降到首层，打开轿厢门，切除电源。

第六，控制应急照明与疏散标志：火灾发生时，必须能保证疏散通道的应急照明与疏散标志正常工作，其控制方法有两种：一是由区域报警器接通应急照明与疏散标志的电源；二是由消防控制中心分层集中控制应急照明和疏散标志的电源。

第七，控制防火门：发生火灾时，自动关闭相关防火分区的防火门，以阻止火灾蔓延。系统配有专用控制箱，在相邻的两个防火分区各装有两组控制探测器来控制防火门。烟感探测器发出火灾报警信号后，防火门先行关闭1/2，若经过30秒后，温感探测器再次发出报警信号，防火门则自动全部关闭。消防控制中心监视防火门的动作状态。

第八，控制消防通信设备：消防控制中心设有对讲电话总机和119专线电话，点报警控制器及设有固定灭火系统控制箱处、值班室、公共通道、消防水泵房、配电室、空调通风机房及电梯机房均设有对讲电话分机。对讲电话插孔一般设在手动报警按钮上，这样可方便与消防控制中心联系。

第九，控制消防疏散广播系统：消防中心应设消防疏散广播系统，统一指挥人员疏散，组织消防灭火工作。

第十，控制电源系统：消防设备供电方式一般采用双回路及备用发电机电源，确保消防设备火灾的电力供给。备用发电机组一般要求正常电源断电后，30

秒内自动启动，投入运行。

3.4.2.2 点报警与面报警

火灾报警控制器是一种能向火灾探测器供电、接收、显示和传递火灾报警等信号，并能对自动消防装置发出控制信号的报警装置，分为点报警控制器和面火灾报警控制器。前者直接接收来自火灾探测器的报警信号，后者接收来自区域火灾报警控制器的报警信号。

点报警是一种由电子电路组成的自动报警和监视装置，任何一台点报警器和所管辖区域内的火灾探测器正确连接后，就能构成完整、独立的自动火灾报警装置。报警装置接收探测器发来的电信号，以声光及数字显示出火灾发生的区域号码，点报警器中的电子钟可以记忆首次发生火灾的时间，并把火灾信号传递给面报警器。

面报警由一台面报警控制器和两台以上点报警控制器组成。集中报警的功能在于把若干区域报警器连接起来，组成一个系统，集中管理。它可以巡回检测相连接的各点报警器有无火灾信号或故障信号，并能及时指示火灾区部位和故障信号。其他功能、原理同点报警控制器相同。

3.4.2.3 消防疏散广播

自动报警系统应设置应急疏散广播，可以独立设置，也可与背景音乐系统共用一套设备。共用时，应满足以下要求：

第一，发生紧急情况时，消防监控中心能将系统强制转入应急广播状态。

第二，消防监控中心可监控应急广播扩音机的工作状态，具有遥控开启扩音机和采用传声器播音的功能。

第三，客房内设置的背景音乐系统应有应急广播功能。

第四，饭店应急疏散广播扩音机的容量应为全店扬声器最大容量总和的1.5倍。

第五，消防疏散广播的语言应为中英文，并根据实际情况，适当增加其他语种。

3.4.3 标准2.1.3 楼宇自动控制系统

2.1.3	先进的楼宇自动控制系统（新风/空调监控、供配电与照明监控、给排水系统监控等）			3

楼宇控制系统是指由综合布线系统连接，由多种控制子系统组成的综合系统。包括：

第一，空调设备的自动化控制系统。

主要对冷冻机、空调器、冷水泵等的运行状态进行监视，自动调节空调系统各参数及控制、测量冷热源的温度、湿度和流量。

第二，电气设备的自动化控制系统。

主要对各种配电设备，如断路器、变压器、接触器、熔断器、电容器、电动机等的运行状态进行监视，并对配电系统的电流、电压、有功功率、无功功率、功率因数等进行测量和监视。

第三，卫生设备和给排水设备的自动化控制系统。

主要对给排水泵的运行状态进行监视，并随时测量其压力、流量和液位等。

第四，照明设备的自动化控制系统。

主要根据自然光线的亮度，对照明进行分区、分层、分组的控制。

在星评时，凡饭店实现空调设备自动控制，照明设备自动控制则应视为具有先进的楼宇自动控制系统。

3.5 标准2.2饭店信息管理系统

2.2	信息管理系统		9		
2.2.1	覆盖范围			4	
	全面覆盖前后台，数据关联的饭店专用管理信息系统（前台管理系统、餐厅管理系统、财务管理系统、收益分析系统、人事管理系统、工程管理系统、库房管理系统、采购管理系统等数据流自动化处理并关联）				4
	前后台均有独立的管理信息系统				2
	只覆盖前台对客服务部门				1

3.5.1 标准2.2.1 信息管理系统的覆盖范围

饭店信息管理系统是指利用计算机和网络技术为饭店经营、管理和服务提供支撑的、人机结合的综合系统。饭店信息管理系统一方面能够提供现场服务帮助，使饭店服务更为快捷、准确；另一方面又能提供完备的历史数据和各种分析模式，使管理人员得以方便地完成统计分析工作，实施科学的决策。在饭店中，信息管理系统的覆盖范围包括：

第一，前台管理系统。前台管理系统是饭店为宾客提供入住登记、定金收取、消费结算以及账务审核、财务核算等工作的管理系统，是饭店工作的核心部分。

其主要功能有：

预订接待管理、销售会员管理、前台收银管理、客房中心管理、财务审核、系统维护管理等。

第二，餐厅管理系统。餐厅管理系统在饭店餐饮管理中具有极其重要的作用，它涵盖了餐饮工作的各个环节，是餐饮服务高效、准确的保障系统。

其主要功能有：

多种菜式选择、系统监控、操作日志查询、食品限量销售及物品估清、成本与存货控制、自定义账单格式、操作密码及 IC 卡刷卡身份校验、多种埋单方式、一卡通消费管理、多种付款方式、多币种埋单、会员及消费积分管理、提前埋单或部分埋单操作、餐台预订、宾客投诉处理、多种折扣方式、集中式维护与管理营销政策、并台转台转菜操作、合约单位维护、快速结账埋单、多种 POS 硬件标准接口、大型婚宴及团体用餐监察、不同营业时段不同服务费的设置、全单折、单道折、金额折等。

第三，财务管理系统。财务管理系统是饭店在经营活动中进行收集、记录、分类、总括、分析货币交易，并由此而得出相关结论与结果，为管理者提供经营资料，供总经理进行经营决策的管理系统。通过科学的财务管理，促使酒店经营活动获得更大的经济效益。

其主要功能有：

财务与计划管理、会计核算管理、资金管理、外汇管理、固定资产管理、家具用具设备管理、物料用品管理、费用管理、成本管理、利润管理、合同管理、商品及原料物料采购管理、仓库物资管理等。

第四，收益分析系统。收益分析系统是促使饭店赢利能力最大化的服务管理系统。收益分析是提高饭店经营管理水平的重要方法，它通过运用需求预测、超额预订、客房容量控制、差异定价等方法，科学调节供需平衡，增加饭店收益。收益分析的主要目标为潜在收益最大化、日平均价最优化以及延长停留期等。

其主要功能有：

需求预测、收益控制、收益系统与程序、适时监控等。

第五，人事管理系统。人事管理系统是详细记录饭店员工个人资料、工作情况等相关信息的管理系统。

其主要功能有：

员工在职状态管理、档案管理（部门调动情况、工资等级变动情况等）、人事管理、课程培训类别与级别及积分与费用管理、培训计划与课程选择管理、培训成绩与培训情况查询、人力资源报表等。

第六，工程管理系统。工程管理系统是饭店工程信息录入、工程报修、能耗管理、适时分析的管理系统。

其主要功能有：

基础信息（设备卡片信息维护、维修故障原因维护、操作权限管理、人员部门分配）、设备维修（部门维修、维修计划、设备检修、查询功能）、能耗管理（能耗输入、能耗统计图、能耗年度对比分析、能耗输入查询）等。

第七，库房管理系统。库房管理系统是关于饭店所有货物进库、出库以及核算物品进、销、存数量与金额等方面的管理系统。

其主要功能有：

物品到部门的动态库存管理、吧台与二级库存管理、物品调拨实时管理、部门成本与营业费用核算管理、物品库存实时动态查询管理、多种物品编码快捷查找及单据处理管理、直拔业务与退货功能及回仓功能管理、估价入库物品调价功能管理、超储物品及短缺物品报警、生补仓单管理、物品进销存数量及金额核算管理、供货商供货情况汇总与实时对账管理、仓库账务系统单据凭证汇总自动传入饭店财务管理、采购管理申领与审批及领料处理管理等。

第八，采购管理系统。采购管理系统是饭店对物品采购审批流程与货物进库流程的管理系统。

其主要功能有：

申购与审批、审批意见日志、审批环节定义、审批授权、紧急申购申领的申请与审批、申购的自动补仓及时间提醒、审批单据自动处理、采购订单及供应商报价、物品定价及多方比价分析、验收价格与数量控制、验收确认及仓库签收控制、供应商信息管理、评估记录、进货记录、采购类别定义、定价分析、合同管理等。

星评时，凡具备了前台管理系统、餐厅管理系统、财务管理系统、人事管理系统、库房管理系统（前三项必须做到数据关联），则视为全面覆盖。

3.5.2　标准2.2.2信息安全

2.2.2	采取确保饭店信息安全的有效措施			2

信息安全的含义主要指信息的完整性、可用性、保密性、可靠性和抗否认性。

完整性是指信息在存储或传输过程中不被修改、不被破坏和丢失。保证信息的完整性是信息安全的基本要求。

可用性是指信息可被合法用户访问，并在需要时能按要求存取所需信息。

保密性是指任何人都不能看到或修改越过其行政管理权限以外的数据，即信息不泄露给非授权的个人和实体或供其利用。这是信息安全性最重要的要求。

可靠性是指保证信息系统能以被人们所接受的质量水准持续运行。

抗否认性是指任何人发出的信息都应凭信息本身即可确定发出人、发出时间、位置等。这是数字化信息能够作为法律凭证的重要手段。

就饭店而言，无论是宾客个人信息，还是饭店自身经营管理信息都需要严格的保护措施。应高度关注以下工作：

第一，建设安全的硬件环境。

包括中心机房安全、服务器及服务器操作系统安全、网络安全、数据库安全、数据存储安全、应用软件的安全、病毒防护和防黑客攻击安全等。

第二，建设安全的软环境。

系统安全的软环境是指管理制度、应急方案、操作规范和安全培训制度等。

3.5.3　标准2.2.3主流与非主流供应商

2.2.3	系统供应商			3	
	行业主流供应商,系统先进,运行稳定				3
	非主流供应商				1

所谓系统主流供应商是指系统功能、拓展能力强，拥有广泛客户群与市场认

可度、占有率的品牌。

而在饭店中普遍较少使用且功能单一、专业与技术更新相对滞后的品牌则为非主流供应商。

3.6 标准2.3 互联网

2.3	互联网		8		
2.3.1	覆盖范围			6	
	所有的客房配有互联网接口(有线、无线均可)				2
	所有的会议室均有互联网接口(有线、无线均可)				2
	所有的大堂区域均有无线网络覆盖				1
	咖啡厅和大堂酒吧提供有线互联网接口(或有无线网络覆盖)				1
2.3.2	应用			2	
	有独立网站,具有实时网上预订功能(非第三方订房网站)				2
	在互联网上有饭店的独立网页和电子邮件地址				1

3.6.1 标准2.3.2 独立网页

网页的专业名称是 HTML 文件,是一种可以在万维网上传输,被浏览器识别,并翻译成页面显示出来的文件。饭店独立网页是指饭店在公共网站上所设立的介绍饭店情况的 HTML 文件。

3.6.2 标准2.3.2 独立网站

网站是众多网页的集合,是一种通过互联网相互连接起来的,为用户提供网页服务、数据传输服务、邮件服务、数据库服务等多种服务的信息载体。饭店独立网站是指饭店申请建立的虚拟服务器,用于饭店向公众传递饭店信息,实施网络预订等。

饭店建立网站的目的在于向消费者提供信息、销售产品和便利、向社会传递企业文化、塑造品牌等。因此,饭店网站建设应注意以下几点:

第一,网站名称应与店名一致,方便公众查找,快速链接。为此饭店网站应设置清晰明确的导航系统,具体指标是:有无友情链接、超链接、搜索功能、主子网页导航是否保持一致、导向的网页是否易于进入等。

第二，网站信息应准确、详细、实时更新，创意新颖、图文并茂、主题鲜明，内容编排得当、实用方便。具体指标是：有无饭店企业视觉形象识别系统、图片、音频、视频、flash 动漫特效，信息是否最新、是否多样详细，有无多语言界面支持，有无下载功能，下载是否便利等。

第三，网站应注重沟通和信息传递，加大饭店与公众的亲和力。一方面，宾客可以通过网站了解饭店的服务产品及服务特色，实现有针对性的选择与消费；另一方面，饭店也能进一步了解宾客的需求偏好，进行网上市场调研，搜集宾客对产品服务的评价、建议等信息，建立市场信息的数据库，作为产品研发、饭店经营管理和营销决策的量化基础。具体的指标是：有无网上论坛、留言板、信息反馈，提供电子邮箱地址、在线交流、网上调查等。

第四，网站应强化营销能力，使宾客全方位地了解饭店产品、服务及相关旅游信息，并满足不同宾客需要的多种预订和结算支付方式。其指标是：有无饭店主要对客区域的宣传图片，有无对产品和服务的描述，有无促销信息，有无饭店的地理位置标志图，有无在线支付和预订功能，是否链接旅游相关信息等。

3.6.3 标准 2.3.2 实时网络预订功能

实时预订是指饭店的独立网站具备 24 小时为宾客准确提供客房预订，并及时确认宾客相关预订信息的功能。

3.6.4 标准 2.3.2 非第三方订房网站

第三方订房网站是指以代理饭店客房销售为主营业务的、有别于饭店独立网站的相关专业运营商。

标准中对"非第三方订房网站"的要求，则是限定饭店网站应是自行设置的独立网站。

3.6.5 标准 2.3.2 电子邮件地址

电子邮件，也称为 e-mail，电子邮箱是在互联网服务商的 e-mail 服务器上为用户开辟的一块专用磁盘空间，用来存放用户的电子邮件文件。每个电子信箱都有一个地址，称为电子邮件地址。饭店独立的电子邮件地址是指以饭店自主域名为后缀的电子邮件地址，又称为企业邮箱，用于饭店与外界的沟通联系。

3.7 标准2.4空调系统"四管制"与"两管制"空调

2.4	空调系统		5				
	四管制中央空调系统						5
	两管制中央空调系统						3
	无中央空调系统,但客房、餐厅及公共区域采用窗式、分体式或柜式空调						1

两管制系统、四管制系统是指中央空调的冷冻水系统设置方式。

3.7.1 标准2.4.1四管制中央空调系统

四管制中央空调系统的冷水和热水由两组各自独立的供水管、回水管分别输送,可以在任何时候对温度实施调节,同时满足制冷或制暖的需要。但四管制系统一次性投入大,管道占用空间多,故而多是用于高星级饭店。

3.7.2 标准2.4.2两管制中央空调系统

两管制中央空调系统由一根供水管和一根回水管组成,夏季的冷冻水和冬季的热水在同一条管路中输送,在一定时段只能制冷或制热。由于具有系统简单、初投资省的优点,在饭店空调工程中应用比较普遍。

3.8 标准2.5应急供电

2.5	应急供电		6				
2.5.1	自备发电设施						3
2.5.2	应急供电系统(指两路以上供电)						2
2.5.3	应急照明设施						1

饭店应根据规模和经营需要,设置与其相适应的应急供电设备,具体要求参照2.53相关释义。

3.9 标准2.6移动电话信号

2.6	移动电话信号覆盖所有客房及公共区域		2				

随着社会发展,宾客对移动通信要求越来越高,饭店应设置手机信号放大器,保证移动电话信号在饭店范围内(含电梯)的全覆盖。

3.10　标准 2.7 节能措施与环境管理

2.7	节能措施与环境管理		14			
2.7.1	有建筑节能设计(如自然采光、新型墙体材料、环保装饰材料等)			2		
2.7.2	采用有新能源的设计与运用(如太阳能、生物能、风能、地热等)			2		
2.7.3	采用环保设备和用品(使用溴化锂吸收式等环保型冷水机组,使用无磷洗衣粉,使用环保型冰箱,不使用哈龙灭火器等)			2		
2.7.4	采用节能产品(如节能灯、感应式灯光、水龙头控制等),采取节能及环境保护的有效措施(客房内环保提示牌,不以野生保护动物为食品原料等)			2		
2.7.5	有中水处理系统			2		
2.7.6	有污水、废气处理设施			2		
2.7.7	垃圾房			2		
	有垃圾房及相应管理制度,有湿垃圾干处理装置					2
	有垃圾房及相应管理制度					1

3.10.1　标准 2.7.1 自然采光

自然光是最清洁、环保的自然资源,通过自然采光设计,能达到节约能源、降低能耗、保护生态环境的目的。

根据建筑和技术的途径来区分,自然采光设计主要有利用中庭、天窗、侧窗等的建筑设计方法和利用导光管法、棱镜组合多次反射法、光导纤维法、光伏系统等的技术方法。

3.10.2　标准 2.7.1 新型墙体材料

新型墙体材料是指采用新技术、新工艺、新材料生产的建筑墙体材料。

目前主要的新型墙体材料有黏土空心砖、黏土陶粒砼砌块、加气砼砌块、轻质复合空心墙板、钢丝网轻质复合墙板等。

3.10.3　标准 2.7.1 环保型装饰材料

环保型装饰材料,是指利用清洁生产技术,少用天然资源和能源,大量使用工业或城市固态废弃物生产的无毒、无污染、无放射性、有利于环境保护和人体健康的装饰材料,具有节能、环保、健康和高品质的特征。

目前环保型装饰材料主要有环保地材、环保墙材、环保墙饰、环保管材、环保漆料、环保照明等。

3.10.4 标准 2.7.2 太阳能

广义的太阳能包括的范围非常大，地球上的风能、水能、海洋温差能、波浪能和生物质能以及部分潮汐能都来源于太阳，即使是地球上的化石燃料（如煤、石油、天然气等）从根本上说也是远古以来贮存下来的太阳能。狭义的太阳能则限于太阳辐射能的光热、光电和光化学的直接转换。通常我们所说的太阳能是指狭义的太阳能。

人类对太阳能的利用有着悠久的历史。有关资料表明，我国具有非常丰富的太阳能资源，太阳能年辐射总量每平方米超过 5000 兆焦耳，年日照时数超过 2200 小时的地区占国土面积的 2/3 以上。如果将我国太阳能年辐射总量的 1% 转化为可利用能源，就能满足全部的能源需求。

目前饭店可采用的太阳能新技术主要有太阳能光伏轮廓灯、高效智能光电遮阳技术、空气集热器系统、光伏并网发电技术、智能升降百叶遮阳技术、高效围护保温技术、温屏节能玻璃、天幕遮阳技术等。在条件许可的地方，饭店应尽量利用太阳能。

3.10.5 标准 2.7.2 生物能

生物质是地球上最广泛存在的物质，也是迄今已知在宇宙行星表面生存的、特有的一种生命现象，它包括所有的动物、植物和微生物，以及由这些有生命物质派生、排泄和代谢的许多有机质。各种生物质都有一定的能量，所以由生物质产生的能量就叫生物能。

生物能锅炉在饭店中有较好的使用前景。生物质燃料和生物能锅炉的研制成功，可全面代替木材、煤炭、石油和天然气，是高效、环保节能和可再生产品，更是一次新能源替代性革命。

3.10.6 标准 2.7.2 风能

风是地球上的一种自然现象，它是由太阳辐射热引起的。合理利用风能，既可减少环境污染，又可减轻越来越大的能源短缺的压力。风能与其他能源相比，具有蕴量巨大、可以再生、分布广泛、没有污染四大特点。风能热水器及冷暖空调组合在饭店中应用前景较好。

3.10.7 标准 2.7.2 地热

地热就是指地球内部蕴藏的能量。地热采暖系统在拥有地热资源地区的饭店中有较好的利用前景。尤其是在改造传统设备的基础上，通过热交换器，地热水无须直接进入通暖管道，只留干净的水在管道中循环，基本解决了腐蚀、结垢的问题，其经济效益也十分明显。

3.10.8 标准 2.7.3 溴化锂吸收式等环保型冷水机组

溴化锂吸收式制冷机组是以溴化锂为吸收剂与水做制冷剂组成的制冷机组。溴化锂吸收式冷水机组种类很多，各种热源都可以作为发生器的驱动热源。按驱动热源及其利用方式、用途和排热方法等进行分类，溴化锂吸收式冷水机组包括蒸汽型、排气型、直燃型等三种类型。溴化锂吸收式冷水机组具有噪声小、能耗成本相对较低、运行平稳，制冷、制热的同时又可提供生活热水等优势。但溴化锂吸收式冷水机组一次性投入较大，维护成本相对较高，比较适合大型饭店使用。

3.10.9 标准 2.7.3 无磷洗衣粉

洗衣粉的主要成分是表面活性剂和助剂，表面活性剂多使用烷基苯磺酸钠，助剂则分为含磷助剂和无磷助剂两种，洗衣粉便是根据助剂的种类分为含磷洗衣粉与无磷洗衣粉。

目前含磷洗衣粉的助剂多采用磷酸盐（三聚磷酸钠、偏六磷酸钠），其污水所含磷排入河流、湖泊之中，会加速水体富营养化现象。

无磷洗衣粉主要以 4A 沸石、玉米淀粉水解氧化物、碳酸钠、偏硅酸钠、聚丙烯酸钠、柠檬酸钠、硼砂等为助剂生产而成，其中尤以使用 4A 沸石做助剂最为普遍。由于无磷洗衣粉不含磷，因此可以减少对环境的污染。

3.10.10 标准 2.7.3 环保型冰箱

传统电冰箱通常采用氟利昂做制冷剂。氟利昂制冷剂大致分为氯氟烃类产品、氢氯氟烃类产品和氢氟烃类产品。由于氯原子对臭氧层破坏作用很大，因此国际社会从 1985 年开始即签署了一系列公约，禁止对含氯产品的使用。

在现阶段，"无氟冰箱"并非完全没有氟，而是用另外一种低氯或无氯的氟利昂来替代含氯的氟利昂（R12）。目前，我国生产的无氟冰箱大多采用 R134a 做制冷剂，它无毒无味，不可燃、不爆炸，但制作工艺复杂，成本较高。

因此从广义的角度而言，环保型冰箱就是技术新、科技含量高、节约能源、有利于环境保护的冰箱。

3.10.11　标准2.7.3哈龙灭火器

"哈龙"是Halon的音译，是1211与1301灭火器的商品名称。由于哈龙化合物中的氯、溴原子对大气臭氧层的破坏能力大，且持续时间长，因此哈龙被列为首批禁用的物质。

目前，对哈龙替代物研究与生产技术发展很快，除了传统的灭火剂（如干粉灭火剂、泡沫灭火剂、二氧化碳灭火剂等）外，还推出了数种洁净的哈龙替代灭火剂，如七氟丙烷气体灭火剂、易安龙灭火剂、氟碘烃灭火剂、EBM气溶胶灭火剂、细水雾灭火剂、惰性气体灭火剂等。

3.10.12　标准2.7.4节能灯

目前，高效节能新光源主要有半导体白光LED照明灯、三基色荧光粉节能灯、高压钠灯及高压汞灯、节能白炽灯、带红外反光镜的卤钨灯、新的高压放电灯、无电极放电灯、微波硫灯等。这些光源有结构紧凑、设计合理、高效率、节约能源的特性，是21世纪的主要光源。

3.10.13　标准2.7.5中水处理系统

中水是指将人们在生活和生产中使用过的水，经集流再生处理后，可回用充当地面清洁、浇花、洗车、空调冷却、冲洗便器、消防、景观等不与人体直接接触的杂用水。将污水处理为中水并加以使用的过程就是中水处理。

中水处理系统由中水原水系统、中水处理系统和中水供水系统三部分组成。处理技术分为物理化学处理法、生物处理法、膜处理法三大类。

星评时，凡饭店设有中水处理系统或使用市政中水均视为满足标准要求。

3.10.14　标准2.7.6污水、废气处理设施

第一，污水处理设施。

饭店污水处理的方法有物理法、化学法、物理化学法和生物法等。其设施通常有污水提升泵、筛滤器、初次沉淀池、曝气池、氧化沟、生物滤池、生物转盘、二次沉淀池等。

第二，废气处理设施。

目前废气处理的方法很多，主要有物理法、掩蔽中和法、稀释扩散法、冷凝法、水吸收法、吸附法、生物法等。根据不同方法，其设施设备配置有所不同。

3.10.15　标准 2.7.7 垃圾房

垃圾房是饭店临时储存垃圾的地方。饭店垃圾按照来源，可分为食品垃圾、普通垃圾、建筑垃圾、清扫垃圾和有害垃圾。饭店应设置专门的封闭式垃圾房，强化废弃物管理。

第一，垃圾房须以砖块、混凝土或其他经批准的材料建造，墙壁内面应全部以釉面砖、釉面瓦或其他经批准的材料铺砌，天花板以水泥荡面，做到表面平滑，并设有冲洗设备及排水管道，便于时常清洗。但污水不能直接进入排水系统，需要经过处理后才能排放。

第二，垃圾房的位置应隐蔽，保持封闭，不得为露天式，尤其是储存餐厨垃圾时，室温不得高于 18℃。

第三，条件允许的饭店可配置湿垃圾干处理装置。

第四，垃圾房的设置应有利于运送，但不能设置在饭店主出入口的视线内，以免影响环境与观瞻。垃圾收集和运输的线路要严格设计和规定，缩短垃圾在对客服务区域的临时存放时间。

第五，垃圾房应有专人管理。在垃圾进行分类时，对垃圾的分类要求、操作方法、人员卫生与防护应有相应的要求。危险废弃物储存箱应有标志，防止泄漏。垃圾房及垃圾箱要保持整洁和卫生。

评分时，分值把握如下：2.7.1，2.7.2，2.7.4 的括号中提及的各项产品、形式，不要求全部达到，具备一项即可得分。2.7.3 括号中的所有要求均应达到，才可给分。

3.11　标准 3 前厅

3	前厅	62		
3.1	地面装饰		8	
	采用高档花岗岩、大理石或其他高档材料(材质高档、色泽均匀、拼接整齐、工艺精致、装饰性强、与整体氛围相协调)			8
	采用优质花岗岩、大理石或其他材料(材质良好、工艺较好)			6
	采用普通花岗岩、大理石或其他材料(材质一般、有色差)			4
	采用普通材料(普通木地板、地砖等)			2
3.2	墙面装饰		6	
	采用高档花岗岩、大理石或其他高档材料(材质高档、色泽均匀、拼接整齐、工艺精致、装饰性强、与整体氛围相协调)			6

采用优质木材或高档墙纸(布)(立面有线条变化,高档墙纸包括丝质及其他天然原料墙纸)				4
采用普通花岗岩、大理石或木材				2
采用墙纸或喷涂材料				1

3.11.1 标准3.1 装饰石材的界定

第一,高档花岗石的质地优良、纹理华丽,加工及安装技术优良,整体平整光洁,对缝整齐均匀,基本无色差,图案、色彩、拼接等设计考究。

第二,优质花岗石的质地优良、纹理优美,加工及安装技术良好,色差较小,图案、色彩、拼接等有设计,但色泽与对缝稍有不足。

第三,普通花岗石、大理石的品种较为常见,色彩普通,加工与安装技术一般,有一定色差。

3.11.2 标准3.2 装饰木材的界定

木材常被统分为软材和硬材,或叫硬杂和软杂。我国常用的有近800个商品材树种,归为241个商品材类,并根据材质优劣、储量多少等原则划分为五类。

一类材:红松、柏木、红豆杉、香樟、楠木、格木、硬黄檀、香红木、花桐木、黄杨、红青刚、山核桃、核桃木、榉木、山楝、香桩、水曲柳、梓木、铁力木、玫瑰木。

二类材:黄杉、杉木、福建柏、榧木、鹅掌楸、梨木、楮木、水青冈、麻栎、高山栎、桑木、枣木、黄檗、白蜡木。

三类材:落叶松、云杉、松木、铁杉、铁刀木、紫荆、软黄檀、槐树、桦木、栗木、木荷、槭木。

四类材:枫香、桤木、朴树、檀木、银桦、红桉、白桉、泡桐。

五类材:拟赤杨、杨木、枫杨、轻木、黄桐、冬青、乌桕柿大。

优质木材一般是指树种珍稀、材质致密、色泽匀称、纹理美观、基本无色差、变形率小、价格昂贵的木材,如紫檀、红檀、红木、树榴木、花樟、花梨木、酸枣木、榆木、楠木、黄波萝、金丝柚等。

普通木材一般是指树种常见、材质适中、色差较小、收缩性大、价格一般的木材，如红影木、白影木、胡桃木、柚木、樱桃木、山毛榉、白松、橡木、白木、水曲柳、杉木等。

3.11.3 标准3.2墙纸（布）的界定

墙纸（布）档次的界定应关注两个环节：材质与装饰效果。

第一，从材质看，高档墙纸有布质和纸质两大类。布质墙纸也称为墙布，而纸质墙纸通常选用优良的纯木浆纸或超强力丝绒纤维等天然材料作为底基材料，表面一般使用 PVC 材料进行覆盖，幅面较宽，通常大于 800mm，伸缩率较小，不分层，不易褪色。

第二，从装饰效果看，高档墙纸表面图案精美、纹理华丽、色彩协调，有艺术品位，与空间功能和环境协调，能够烘托出特定的主题氛围。铺贴工艺精良，无明显接缝痕迹，无色差，不起泡，无翘曲，墙基表面无明显凹凸感。

3.12 标准3.3 天花板

3.3	天花板		5		
	工艺精致、造型别致，与整体氛围相协调				5
	工艺较好，格调一般				3
	有一定装饰				1

天花板的装饰方式一般分为平顶式、局部式、栅栏式和藻井式。饭店应根据建筑结构、风格定位和功能布局要求，选用适宜的天花板造型，达到提升前厅氛围、强调区域功能分割、形成良好光环境等效果。

3.13 标准3.4 前厅艺术装饰

3.4	艺术装饰		2		
	有壁画、浮雕或其他艺术品装饰				2
	有简单艺术装饰				1

饭店前厅装饰通常采用壁画、雕塑、雕刻、挂毯、书法等艺术装饰，具有良好的视觉感受。

主题突出，形制优美，色彩明亮，工艺精致，位置醒目，韵味无穷，与环境空间氛围协调是对前厅艺术装饰的总体要求。

3.14　标准 3.5 家具的要求

3.5	家具(台、沙发等)	5		
	设计专业、材质高档、工艺精致、摆设合理,使用方便、舒适			5
	材料较好,工艺较好			3
	材料普通,工艺一般			1

第一,按照材质划分,家具通常分为实木（全木）家具、人造板家具、弯曲木家具、聚氨酯发泡家具、玻璃钢家具和金属家具。

凡以一定厚度的高档天然材料为饰面制作而成的家具均应视为材质高档的家具。

第二,按照工艺划分,通常评价家具的工艺水平一般应关注结构、功能和外观形式等要点。

凡符合使用功能要求,款式、色彩、风格、体量与空间氛围协调,结构牢固,接缝均匀细密,五金件优良,连接紧固,表面漆膜光亮柔和,手感细腻的家具均应视为工艺精致。

3.15　标准 3.6 灯具与照明

3.6	灯具与照明	5		
	照明设计有专业性,采用高档定制灯具,功能照明、重点照明、氛围照明和谐统一			5
	采用高档灯具,照明整体效果较好			3
	采用普通灯具			1

3.15.1　照明设计专业性要求

第一,灯光设计应满足基本功能。强调功能照明。分区照明、分区控制、照度舒适、安装便捷、安全牢固,方便宾客正常活动需要;避免眩光,保证亮度的均匀性、照度的稳定性、光色的柔和性。

第二,灯光设计应满足空间照明要求。注重重点照明及氛围照明。采用整体设计，光比虚实得当、光源一致，起到划分空间、渲染氛围、营造良好光影环境的作用。

第三，灯光设计应满足节能环保要求。回路分配得当，构建迎宾照明状态、工作照明状态、基本照明状态的灯光体系；重视自然采光，选用高发光率低功耗光源，符合科技创新、绿色环保要求。

3.15.2　功能照明、重点照明、氛围照明的概念

功能照明、重点照明、氛围照明构成了饭店灯光照明环境的完整体系。

所谓功能照明是指饭店在不同服务区域为满足宾客使用需要和员工工作需要所设置的照明设施。

所谓重点照明也称"目的照明"，是指定向照射某一特殊物体或区域，以引起注意、留下印象的照明方式。它通常被用于强调特定空间区域或陈设，例如：建筑要素、构架、装饰品及艺术品等。

所谓氛围照明是指通过光源的亮度、色温、抑扬、虚实、隐现、动静、角度等设计要素，改变人们的视觉感受，从而形成某种特殊效果和趣味空间的照明方法。

3.15.3　灯具档次界定

第一，高档灯具是依据饭店整体风格，为突出特色、营造独特氛围而专门设计制作的装饰照明灯具。高档灯具用材考究、工艺精良、形态优美，有特殊的视觉效果。

第二，普通灯具是指市场批量生产，在一定时期内普遍采用的照明器具。

3.16　标准3.7 整体装饰效果

3.7	整体装饰效果		4	
	色调协调、氛围浓郁，有中心艺术品，感观效果突出			4
	有艺术品装饰，工艺较好，氛围一般			2
	有一定的装饰品			1

3.16.1　饭店色调

所谓色调是指饭店色彩构成与运用对观赏者带来的某种感情效果和气氛感

受，在创造环境气氛和意境过程中发挥着积极的主导作用。

因此，饭店的色彩运用应高度关注色彩与建筑设计风格的统一，色彩与心理的统一，色彩与功能的统一。

科学、艺术地运用色彩，表达特定的情感元素，营造浓郁的饭店氛围，刺激消费者的心理感受和消费体验。

3.16.2 中心艺术品

中心艺术品是饭店艺术品系统中的标志性作品。以最具特征性的视觉艺术语言设计，以最符合主题内容的材质制作，以最恰当醒目的方式布置，以最简洁清晰的语言说明，是饭店中心艺术品制作的关键要素。因此，饭店中心艺术品应符合以下要求：

第一，艺术品的题材、风格、工艺，与饭店格调、氛围高度一致，是饭店文化最直接、最清晰、最形象的表述。

第二，应摆放在饭店前厅区域内最显著、最吸引人注意的地方。

第三，应成为饭店视觉的中心，通过极高的艺术价值与视觉冲击，给宾客以美感和文化享受。

3.17 标准3.8 公共卫生间

3.8	公共卫生间		9		
3.8.1	位置合理(大堂应设置公共卫生间,且与大堂在同一楼层)			2	
3.8.2	材料、装修和洁具(对所有公共卫生间分别打分,取算术平均值的整数部分)			3	
	设计专业(洁具、灯光、冷热水、照明、通风、空调等),采用高档装修材料,装修工艺精致,采用高级洁具				3
	采用较高档装修材料,装修工艺较好,采用较好洁具				2
	采用普通装修材料,装修工艺一般,采用普通洁具				1
3.8.3	残疾人卫生间			2	
	有残疾人专用卫生间				2
	有残疾人专用厕位				1
3.8.4	公共卫生间设施(少一项,扣1分)				
	抽水恭桶				
	卫生纸				
	污物桶				
	半身镜				

	洗手盆				
	洗手液或香皂				
	烘手机或擦手纸				
3.8.5	每个抽水恭桶都有单独的隔间,隔间的门有插销,所有隔间都配置衣帽钩		1		
3.8.6	每两个男用小便器中间有隔板,使用自动冲水装置		1		

公共卫生间是前厅重要的功能区域,具体要求见 2.49 释义。

3.18　标准 3.9 客用电梯

3.9	客用电梯		10		
3.9.1	数量		2		
	不少于平均每 70 间客房一部客用电梯				2
	不少于平均每 100 间客房一部客用电梯				1
3.9.2	性能优良、运行平稳、梯速合理		2		
3.9.3	内饰与设备		4		
3.9.3.1	有一定装饰,照明充足			0.5	
3.9.3.2	有饭店主要设施楼层指示			0.5	
3.9.3.3	有扶手杆			0.5	
3.9.3.4	有通风系统			0.5	
3.9.3.5	与外界联系的对讲功能			0.5	
3.9.3.6	有残疾人专用按键			0.5	
3.9.3.7	轿厢两侧均有按键			0.5	
3.9.3.8	有抵达行政楼层或豪华套房楼层的专用控制措施			0.5	
3.9.4	有观光电梯		1		
3.9.5	有自动扶梯		1		

电梯是连接饭店各服务功能区的垂直交通运输工具,其相关要求参照 2.48 的相关释义。

3.19　标准 3.10 贵重物品保险箱

3.10	贵重物品保险箱		2		
3.10.1	数量不少于客房数量的 8%,不少于两种规格				1
3.10.2	位置隐蔽、安全,能保护宾客隐私				1

贵重物品保险箱是饭店供宾客免费寄存贵重物品的安全设备,其相关要求参照 2.14.2 的相关释义。

3.20 标准3.11 前厅舒适度

3.11	前厅整体舒适度		6	
3.11.1	绿色植物、花卉摆放得体,插花有艺术感,令宾客感到自然舒适			2
3.11.2	光线、温度适宜			2
3.11.3	背景音乐曲目适宜、音质良好、音量适中,与前厅整体氛围协调			2
3.11.4	异味、烟尘、噪声、强风(扣分,每项扣1分)			-4
3.11.5	置于前厅明显位置的商店、摊点影响整体氛围			-4

舒适度是心理学上的一个概念,指环境对人的刺激所引起的心理反应及由此而产生的行为。当环境对人的刺激引起美好愉悦的心理感受时,人便对环境产生依赖,留下深刻记忆。因此,舒适度是一个复杂、动态的系统,将因时、因地、因人而发生变化。

饭店舒适度就是指建立在专业化管理和整体氛围协调性基础之上的高质量服务的一种结果。通常情况下,影响饭店舒适度的一般因素有:温度高低、湿度大小、光线明暗、噪声强弱、布草优劣、床垫软硬、水质清浊、水温高低、水压大小、气味浓淡等。

前厅绿色植物、光线、温度、背景音乐、空气质量等要求参照相关具体释义。

对于3.11.2中的"温度适宜",在前厅刻意营造人与自然密切接触氛围的度假型饭店可不作要求。

3.21 标准4 客房

4	客房	191			
4.1	普通客房(4.1~4.10均针对普通客房打分)		26		
4.1.1	70%客房的净面积(不包括卫生间和门廊)			16	
	不小于36m²				16
	不小于30m²				12
	不小于24m²				8
	不小于20m²				6
	不小于16m²				4
	不小于14m²				2
4.1.2	净高度			4	

	不低于 3m			4
	不低于 2.7m			2
4.1.3	软床垫(长度不小于 1.9m),宽度		6	
4.1.3.1	单人床		3	
	不小于 1.35m			3
	不小于 1.2m			2
	不小于 1.1m			1
4.1.3.2	双人床		3	
	不小于 2.2m			3
	不小于 2.0m			2
	不小于 1.8m			1
4.2	装修与装饰	11		
4.2.1	地面		3	
	采用优质地毯或木地板,工艺精致			3
	采用高档地砖、普通地毯或木地板,工艺较好			2
	采用普通地砖或水磨石地面,工艺一般			1
4.2.2	墙面		2	
	采用高级墙纸或其他优质材料,有艺术品装饰			2
	采用普通涂料或墙纸			1
4.2.3	天花板有装饰		2	
4.2.4	整体装饰效果		4	
	工艺精致、色调协调、格调高雅			4
	工艺较好、格调统一			2
	工艺一般			1
4.3	家具	7		
4.3.1	档次		4	
	设计专业、材质高档、工艺精致、摆设合理,使用方便、舒适			4
	材质较好,工艺较好			2
	材质普通,工艺一般			1

3.21.1 标准 4.2.1 木地板

优质木地板是指采用硬度较高的木材,经过脱水、脱脂、烘干处理等加工技术制造的实木地板。一般选用名贵树种木材,纹理清晰漂亮,色彩自然大方,漆面光亮有厚度,安装精良,接缝平直,无翘曲,与踢脚线搭配得当、配合紧密。

3.21.2 标准 4.2.1 地毯

地毯档次的界定应高度关注地毯的材质、地毯的感受和地毯的工艺性。

优质地毯应满足以下三个基本条件:

第一,从材质来看,应为纯羊毛地毯、丝质地毯、高品质混纺地毯、长纤尼龙地毯等，上述地毯具有较强的去污、防静电等性能。

第二，从感受来看，地毯精美、图案定制、色调高雅、足感平整有弹性、绒高大于9mm。

第三，从工艺来看，地毯接缝（含与其他材质接口）应平整密合，对花无视差，无凹凸不平感，接口有处理；底垫的厚度应不少于1.8mm，弹性良好、不易疲劳；边界挂条处理到位。

3.22　标准4.3.2 步入式衣物储藏间

4.3.2	衣橱			3	
	步入式衣物储藏间				3
	进深不小于55cm,宽度不小于110cm				2
	进深不小于45cm,宽度不小于90cm				1

步入式衣物储藏间又称为步入式更衣间，从结构上分大致有三种：柜体式、结构式、挂墙式，饭店可以根据需要和房间的实际情况量身定做。

具有相对独立空间，宾客可进入，照明充足，能清晰辨别衣物，并配置类型多样、数量充足的搁板、衣架、裤架、坐凳、全身镜等配套设施。物件拿取方便无障碍是对步入式衣物储藏间的基本要求。

3.23　标准4.4 灯具和照明

4.4	灯具和照明		11		
4.4.1	灯具配备			9	
4.4.1.1	主光源(顶灯或槽灯)				1
4.4.1.2	门廊照明灯				1
4.4.1.3	床头照明灯				1
4.4.1.4	写字台照明灯				1
4.4.1.5	衣柜照明灯				1
4.4.1.6	行李柜照明灯				1
4.4.1.7	小酒吧照明灯				1
4.4.1.8	装饰物照明灯				1
4.4.1.9	夜灯				1
4.4.2	灯光控制			2	
	各灯具开关位置合理,床头有房间灯光"一键式"总控制开关,标志清晰,方便使用				2
	各灯具开关位置合理,方便使用				1

3.23.1　标准4.4.1 灯具配置

灯具的配置直接影响宾客在客房内活动的方便性与舒适度，应严格按照标准要求配置各区域的灯具，并充分考虑灯光的灯具的选型、照度与角度等问题。

3.23.2　标准4.4.2 "一键式"总控制开关

所谓"一键式"总控制开关是指安装在床头的，可控制客房主光源、门廊照明灯、衣柜照明灯、行李柜照明灯、小酒吧照明灯、装饰物照明灯等开关。客房内有电源插销的灯具如写字台灯、落地灯可不受总控制开关控制。

3.24　标准4.5 彩色电视机

4.5	彩色电视机		6		
4.5.1	类型与尺寸			3	
	平板电视,不小于25英寸				3
	普通电视,不小于25英寸				2
	普通电视,不小于21英寸				1
4.5.2	频道和节目			2	
	卫星、有线闭路电视节目不少于30套				1
	外语频道或外语节目不少于3套				1
4.5.3	有电视频道指示说明及电视节目单			1	

电视机是客房的基本设备，具体要求见2.19相关释义。

3.25　标准4.6 附设写字台电话（双线制）

4.6	客房电话		5	
4.6.1	程控电话机,有直拨国际、国内长途功能			1
4.6.2	有语音信箱及留言指示灯			1
4.6.3	电话机上有饭店常用电话号码和使用说明			1
4.6.4	附设写字台电话（双线制）			1
4.6.5	配备本地电话簿			1

附设写字台电话是指配置于写字台上的、方便宾客使用的专用电话。

双线制是指附设写字台电话可应宾客要求，扩展为一个单独号码的分机或专线的电话接入方式，通常依赖于饭店综合布线系统的支持。

3.26 标准4.7、4.8和4.9客房相关设施要求

4.7	微型酒吧(包括小冰箱)		5		
4.7.1	数量			3	
	100%的客房有微型酒吧(包括小冰箱)				3
	不少于50%的客房有微型酒吧(包括小冰箱)				1
4.7.2	提供适量饮品和食品,并配备相应的饮具			1	
4.7.3	100%以上客房配备静音、节能、环保型小冰箱			1	
4.8	客房便利设施及用品		12		
4.8.1	电热水壶			1	
4.8.2	熨斗和熨衣板			1	
4.8.3	西装衣撑			1	
4.8.4	每房不少于4个西服衣架、2个裤架和2个裙架			1	
4.8.5	不间断电源插座(国际通用制式)不少于两处,并有明确标志,方便使用			1	
4.8.6	吹风机			1	
4.8.7	浴衣(每客1件)			1	
4.8.8	备用被毯(每床1条)			1	
4.8.9	咖啡(含伴侣、糖),配相应杯具			1	
4.8.10	环保或纸制礼品袋(每房2个)			1	
4.8.11	针线包			1	
4.8.12	文具(含铅笔、橡皮、曲别针等)			1	
4.9	客房必备物品(少一项,扣1分)				
	服务指南(含欢迎词、饭店各项服务简介)				
	笔				
	信封(每房不少于2个)				
	信纸(每房不少于4张)				
	免费茶叶				
	暖水瓶(有电热水壶可不备)				
	凉水瓶(或免费矿泉水)				
	擦鞋用具(每房2份)				
	"请勿打扰"、"请清理房间"挂牌或指示灯				
	垃圾桶				
	根据不同床型配备相应数量的枕芯、枕套、床单、毛毯或棉被				

必要的客房设施是饭店产品的重要组成部分,相关要求参照具体释义。

3.27 标准 4.10 客房卫生间

4.10	客房卫生间		50		
4.10.1	70%的客房卫生间面积			8	
	不小于8m²				8
	不小于6m²				6
	不小于5m²				4
	不小于4m²				2
	小于4m²				1
4.10.2	卫生间装修			6	
	专业设计,全部采用高档材料装修(优质大理石、花岗岩等),工艺精致,采用统一风格的高级品牌卫浴设施				6
	采用高档材料装修,工艺较好				4
	采用普通材料装修,工艺一般				2
4.10.3	卫生间设施布局			4	
	不少于50%的客房卫生间淋浴、浴缸、恭桶分隔				4
	不少于50%的客房卫生间淋浴和浴缸分隔				3
	不少于50%的客房卫生间有浴缸				1
4.10.4	面盆及五金件			2	
	高档面盆及配套五金件				2
	普通面盆及五金件				1
4.10.5	浴缸及淋浴			12	
4.10.5.1	浴缸和淋浴间均有单独照明,分区域照明充足				1
4.10.5.2	完全打开热水龙头,水温在15秒内上升到46℃~51℃,水温稳定				1
4.10.5.3	水流充足(水压为0.2~0.35MPa)、水质良好				1
4.10.5.4	淋浴间下水保持通畅,不外溢				1
4.10.5.5	浴缸				3
	高档浴缸(配带淋浴喷头)及配套五金件				3
	普通浴缸(配带淋浴喷头)或只有淋浴间				1
4.10.5.6	所有浴缸上方安装扶手,符合安全规定				1
4.10.5.7	淋浴喷头的水流可以调节				1
4.10.5.8	淋浴有水流定温功能				1
4.10.5.9	配备热带雨林喷头				1
4.10.5.10	浴缸及淋浴间配有防滑设施(或有防滑功能)				1
4.10.6	恭桶			3	
	高档节水恭桶				3
	普通节水恭桶				1

续表

4.10.7	其他			15	
4.10.7.1	饮用水系统				2
4.10.7.2	梳妆镜				2
	防雾梳妆镜					2
	普通梳妆镜					1
4.10.7.3	化妆放大镜				1
4.10.7.4	面巾纸				1
4.10.7.5	110/220V 不间断电源插座(低电流)				1
4.10.7.6	晾衣绳				1
4.10.7.7	呼救按钮或有呼救功能的电话				1
4.10.7.8	连接客房电视的音响装置				1
4.10.7.9	体重秤				1
4.10.7.10	电话副机(方便宾客取用)				1
4.10.7.11	浴室里挂钩不少于1处,方便使用				1
4.10.7.12	浴帘或其他防溅设施				1
4.10.7.13	浴巾架				1
4.10.8	卫生间客用必备品(少一项,扣1分)				
4.10.8.1	漱口杯(每房2个)				
4.10.8.2	浴巾(每房2条)				
4.10.8.3	地巾				
4.10.8.4	面巾(每房2条)				
4.10.8.6	卫生袋				
4.10.8.7	卫生纸				
4.10.8.8	垃圾桶				

3.27.1 标准4.10.4面盆及配套五金件

面盆从材质上大体可以分为陶瓷、玻璃和不锈钢三类;有台上式、台下式、立柱式和挂墙式;形状有圆形、椭圆形、长方形、多边形等;从风格上分为优雅型、简洁型、古典型和现代型。

高档面盆应满足以下基本条件:

第一,统一品牌。

第二,采用釉面光泽度好的陶瓷、优质艺术玻璃、优质金属材料,材质细腻,造型优美,工艺精良,色泽悦目,易保洁。

第三,配套五金件与面盆搭配得当、风格统一、档次匹配,光泽度高,手感舒适不生涩,无溅水,关水严密。

第四，符合人体工程学原理，方便易用，安装紧固，与台面间的收口细致，配套管件处理到位。

3.27.2　标准 4.10.5　浴缸及配套五金件

浴缸大多以铸铁、亚克力和钢板为主流材料。从形质上划分，有单体浴缸、无裙边浴缸和有裙边浴缸等；从功能上划分，有普通浴缸和按摩浴缸等。

高档浴缸一般应满足以下基本条件：

第一，特殊设施除外尺寸在 1700mm×700mm 以上，统一品牌。

第二，缸质为铸铁、优质玻璃、釉面光泽度好的陶瓷等，缸体有一定厚度，触感细腻，造型优美，工艺精良，色泽悦目，防滑，易保洁。

第三，配套五金件与缸体搭配得当、风格统一、档次匹配，光泽度高，手感舒适不生涩，去水关闭严密，排水顺畅。

第四，符合人体工程学原理，方便易用，基座装饰美观，安装紧固，收口细致，配套管件易检修。

3.27.3　标准 4.10.5.2　热水温度控制

该条款在检查时，应将热水龙头开到最大（没有混合冷水），15 秒钟内感觉水温明显升高，之后应有烫手感觉即可。

3.27.4　标准 4.10.5.3　出水量控制

通常情况下，饭店主要用水点的出水量要求如下：面盆 6L/min，浴缸 18L/min，淋浴 14L/min，豪华客房淋浴 16L/min。

3.27.5　标准 4.10.5.7　淋浴喷头水流可调节

水流可以调节是指淋浴喷头具有改变水流喷洒方式的功能形态。即由常规方式出水调节为按摩式出水、雾状式出水、脉冲式出水、发散垂流式出水等。

3.27.6　标准 4.10.5.8　淋浴喷头水流定温功能

水流定温功能是指与淋浴喷头配套的冷热水混合阀体，具备依据温度设定值，自动调配冷热水比例，恒定出水温度的功能。

3.27.7　标准 4.10.5.9　淋浴喷头热带雨林喷头

热带雨林喷头的基本特征及功能是：外观豪华大气、工艺精美，形成一定的视觉冲击力；固定喷头尺寸及出水量较大，并配有灵活且易升降的可移动手持花洒；喷孔水流垂直喷洒，出水强劲，水量分配均匀；喷头易于清洁，具备自动清除水垢功能。

3.27.8 标准 4.10.6 恭桶

恭桶从规格上分为普通型和加长型；按冲洗排污方式分为冲落式和虹吸式；从结构形式分为连体、分体、相连和壁挂式。

高档节水恭桶应满足以下基本条件：

第一，每次冲洗周期用水量不大于 6L。

第二，虹吸式恭桶出水噪声不超过 55dB，峰值不超过 65dB，除正常水流声外，无抽水声和回气声。

第三，连体式恭桶整体造型优美，触感细腻，釉面光泽度好，工艺精良，色泽悦目，易保洁。

第四，水箱配件质量上乘，闭水严密，注水噪声小，冲洗开关灵敏易用；坐圈及盖板形质考究，与恭桶连接稳固，具缓降功能。

第五，安装紧固，收口细致，无渗水，配套管件易检修。

3.28 标准 4.11 套房

4.11	套房	14		
4.11.1	数量		3	
	不少于客房总数的20%（不包括连通房）			3
	不少于客房总数的10%（不包括连通房）			2
	不少于客房总数的5%（不包括连通房）			1
4.11.2	规格		6	
4.11.2.1	至少有三种规格的套房			2
4.11.2.2	有豪华套房			4
	至少有卧室2间，会客室、餐厅、书房各1间（卫生间3间）			4
	至少有卧室2间，会客室1间，餐厅或书房各1间（卫生间3间）			2
4.11.3	套房卫生间		5	
4.11.3.1	有供主人和来访宾客分别使用的卫生间			2
4.11.3.2	有由卧室和客厅分别直接进入的卫生间（双门卫生间）			1
4.11.3.3	有音响装置			1
4.11.3.4	配有电视机			1
4.12	有残疾人客房，配备相应的残障设施	2		

套房要求参照 2.17 相关释义。

对于标准 4.11.2.2 豪华套房的分值把握：通过玻璃、屏风、门套等做到相对隔离效果的开间也可以接受。如一个大开间，通过屏风隔离出会客室和书房，可以接受。

3.29 标准4.13 无烟楼层

4.13	设无烟楼层		2	

无烟楼层是指饭店专门为非吸烟的宾客设置的禁烟楼层。为有效地满足市场需要，饭店无烟楼层的设置应立足市场，以消费者的需求为标准。完善的无烟楼层应做到全过程、全方位、全人员。电梯及客房内有专用标志。

随着社会的发展与进步，世界饭店业将更加关注绿色理念在饭店的应用，着力倡导"无烟饭店"的理念。可以预见，未来的饭店将朝着全店禁烟的方向发展，这已成为国际趋势之所向。

3.30 标准4.14 客房舒适度

4.14	客房舒适度	35		
4.14.1	布草		15	
4.14.1.1	床单、被套、枕套的纱支规格			6	
	不低于80×60支纱				6
	不低于60×40支纱				3
	不低于40×40支纱				1
4.14.1.2	床单、被套、枕套的含棉量为100%			1	
4.14.1.3	毛巾(含浴巾、面巾、地巾、方巾等)的纱支规格			2	
	32支纱(或螺旋16支),含棉量为100%				2
	不低于16支纱				1
4.14.1.4	毛巾(含浴巾、面巾、地巾、方巾等)规格(一个规格不达标扣0.5分,扣满2分以上,降低一档)			6	
	浴巾:不小于1400mm×800mm,重量不低于750g;面巾:不小于750mm×350mm,重量不低于180g;地巾:不小于800mm×500mm,重量不低于450g;方巾:不小于320mm×320mm,重量不低于55g				6
	浴巾:不小于1300mm×700mm,重量不低于500g;面巾:不小于600mm×300mm,重量不低于120g;地巾:不小于700mm×400mm,重量不低于320g;方巾:不小于300mm×300mm,重量不低于45g				3
	浴巾:不小于1200mm×600mm,重量不低于400g;面巾:不小于550mm×300mm,重量不低于110g;地巾:不小于650mm×350mm,重量不低于280g				1

续表

4.14.2	床垫硬度适中、无变形,可提供3种以上不同类型的枕头			2		
4.14.3	温度			3		
4.14.3.1	室内温度可调节				2	
4.14.3.2	公共区域与客房区域温差不超过5℃				1	
4.14.4	相对湿度:冬季为50%~55%、夏季为45%~50%			2		
4.14.5	客房门、墙、窗、天花板、卫生间采取隔音措施,效果良好			2		
	客房隔音效果差,或部分客房靠近高噪声设施(如歌舞厅、保龄球场、洗衣房等),影响宾客休息					-4
4.14.6	窗帘与客房整体设计匹配,有纱帘,方便开闭,密闭遮光效果良好			2		
4.14.7	照明效果			3		
	专业设计,功能照明、重点照明、氛围照明和谐统一					3
	有目的物照明光源,满足不同区域的照明需求					2
	照明效果一般					1
4.14.8	客用品方便取用,插座、开关位置合理,方便使用			2		
4.14.9	艺术品、装饰品搭配协调,布置雅致;家具、电器、灯饰档次匹配、色调和谐			2		
4.14.10	电视机和背景音乐系统的音、画质良好,节目及音量调节方便有效			2		
4.15	客房走廊及电梯厅	5				
4.15.1	走廊宽度不少于1.8m,高度不低于2.3m			1		
4.15.2	光线适宜			1		
4.15.3	通风良好,温度适宜			1		
4.15.4	客房门牌标志醒目,制作精良			1		
4.15.5	管道井、消防设施的装饰与周边氛围协调			1		

3.30.1 标准4.14.1 客房布草纱支

梭织物的密度用于表示梭织物单位长度内纱线的根数。一般为1英寸或10cm内纱线的根数。我国国家标准规定使用10cm内纱线的根数表示密度,但纺织企业仍习惯沿用1英寸内纱线的根数来表示密度。其中又分为经密和纬密:

经密——面料长度方向,该向纱线称做经纱,其1英寸内纱线的排列根数为经密(经纱密度);纬密——面料宽度方向,该向纱线称做纬纱,其1英寸内纱线的排列根数为纬密（纬纱密度）。如通常饭店布草中见到的"40×40/110×90"表示经纱纬纱分别为40支，经纬密度为110、90。

3.30.2 标准4.14.3 温度

空气环境是人对空气的温度、湿度、纯度和流动的反应，能否营造良好的空气环境直接关系到宾客的健康和饭店产品的舒适性。饭店应高度重视空气的调节设计与管理。通常情况下，人们室内感觉舒适的空气环境是：

第一，温度。饭店室内舒适的温度夏季为24℃~28℃，冬季为16℃~22℃。

第二，相对湿度。饭店室内人体舒适感受的相对湿度是夏季45%~50%，冬季50%~55%。

第三，公共区域与客房温差控制。人体对温度有一定的调节能力，称为体温调节。根据有效温度数据显示，人体从偏凉到偏热的舒适界限为21℃~29℃，最舒适的温度是23℃~27℃。因此，综合各种因素，原则上，饭店公共区域与客房温差应控制在5℃之内。

3.30.3 标准4.14.8 插座、开关位置

客房插座、开关、网络接口的安装位置影响着客房的品质，参考指标为：

床头应设置电源插座、网络接口。

总控开关、床头各灯具开关、网络接口与床之间距离在100~200mm，距地面高度为800~900mm。总控开关面板与其他开关面板应有所区别，安装位置应单列。

不间断电源插座、网络插口等位于写字台旁，离地面安装高度为920~1520mm，并配有醒目标志和网络使用说明。

3.31 标准4.15 客房走廊

客房楼层的走廊宽度以保证客房清洁车停靠时不影响宾客通过并符合消防条例为原则。一般而言，走廊两侧布置客房时，走廊净宽度应保证在1.5~1.8m，最窄不得小于1.4m；单侧布置客房时，走廊净宽度一般为1.4~1.6m，最窄不得小于1.3m；走廊净高不得低于2.3m；电梯间到走廊端头客房的距离应控制在50m之内。

3.32 标准5 餐饮

5	餐饮	59			
5.1	餐厅[5.1~5.2 对各个餐厅分别打分,然后根据餐厅数量取算术平均值的整数部分]		32		
5.1.1	布局			8	
5.1.1.1	接待区装饰风格(接待台、预订台)与整体氛围协调				1
5.1.1.2	有宴会单间或小宴会厅				3
5.1.1.3	靠近厨房,传菜线路不与非餐饮公共区域交叉				2
5.1.1.4	有酒水台				1
5.1.1.5	有分区设计,有绿色植物或一定装饰品				1
5.1.2	装饰			11	
5.1.2.1	地面装饰				4
	采用优质花岗岩、大理石、地毯、木地板或其他与整体装饰风格相协调的高档材料(材质高档、色泽均匀、拼接整齐、装饰性强,与整体氛围相协调)				4
	采用普通大理石、地毯、木地板或其他材料(材质一般,有色差,拼接整齐,装饰性较强)				2
	采用普通材料(普通木地板、地砖等)				1
5.1.2.2	墙面装饰				4
	采用优质花岗岩、大理石或其他与整体装饰风格相协调的高档材料(材质高档、色泽均匀、拼接整齐、装饰性强,与整体氛围相协调)				4
	采用优质木材或高档墙纸(布)(立面有线条变化,高档墙纸包括丝质及其他天然原料墙纸)				3
	采用普通花岗岩、大理石、木材				2
	采用普通墙纸或喷涂材料				1
5.1.2.3	天花板				3
	工艺精致、造型别致、格调高雅				3
	工艺较好,格调一般				2
	有一定装饰				1
5.1.3	家具			3	
	设计专业、材质高档、工艺精致、摆设合理,使用方便、舒适				3
	材质较好,工艺较好				2
	材质普通,工艺一般				1
5.1.4	灯具与照明			3	
	照明设计有专业性,采用高档定制灯具,功能照明、重点照明、氛围照明和谐统一				3
	采用高档灯具,照明整体效果较好				2

	采用普通灯具,照明效果一般				1
5.1.5	餐具		3		
	高档材质、工艺精致,有一定的艺术性,与整体氛围协调				3
	较好材质与工艺				2
	一般材质与工艺				1
5.1.6	菜单及酒水单		3		
	用中文、英文及相应外文印制,有独立酒水单,装帧精美,出菜率不低于90%				3
	用中英文印刷,装帧较好,出菜率不低于90%				2
	有中文菜单,保持完整、清洁				1
5.1.7	不使用一次性筷子和一次性湿毛巾,不使用塑料桌布		1		
5.2	厨房	12			
5.2.1	应有与餐厅经营面积和菜式相适应的厨房区域(含粗细加工间、面点间、冷菜间、冻库等)		2		
5.2.2	为某特定类型餐厅配有专门厨房(每个1分,最多2分)		2		
5.2.3	位置合理、布局科学,传菜路线不与非餐饮公共区域交叉		2		
5.2.4	冷、热制作间分隔		1		
5.2.5	配备与厨房相适应的保鲜和冷冻设施,生熟分开		1		
5.2.6	粗细加工间分隔		1		
5.2.7	洗碗间位置合理		1		
5.2.8	厨房与餐厅间采用有效的隔音、隔热、隔味措施		1		
5.2.9	厨房内、灶台上采取有效的通风、排烟措施		1		
5.3	酒吧、茶室及其他吧室	7			
5.3.1	装修与装饰(包含台、家具、餐具、饮具等)		4		
	专业设计、材质高档、工艺精致、氛围协调,呈现一定主题				4
	较好材质与工艺				2
	普通材质与工艺				1
5.3.2	氛围		3		
	环境高雅、独特,装饰及灯光设计有专业性				3
	氛围较好				2
	氛围一般				1
5.4	餐饮区域整体舒适度	8			
5.4.1	整体设计有专业性,格调高雅、色调协调,有艺术感		2		
5.4.2	温、湿度适宜,通风良好,无炊烟及烟酒异味		2		
5.4.3	专业设计照明,环境舒适,无噪声。背景音乐曲目、音量适宜,音质良好		2		
5.4.4	餐具按各菜式习惯配套齐全,无破损、无水迹		2		
5.4.5	任一餐厅(包括宴会厅)与其厨房不在同一楼层		−2		

3.32.1 绿色植物

饭店内的绿色植物起到净化空气、分隔空间、突出空间重点、联系引导空间的作用，饭店的绿色植物应做到体量适宜、修饰美观、不露土、摆放位置合理。同时应高度关注绿色植物的盛具档次，根据绿色植物摆放位置的功能和环境特点，使用不同形制、不同材质的高档盛器或对盛器进行艺术装饰，确保饭店各区域氛围的整体性。

通常情况下，饭店室内不宜摆放且影响人体健康的植物有：

1. 兰花：其香气会令人过度兴奋而引起失眠。

2. 紫荆花：其花粉与人接触会诱发哮喘。

3. 含羞草：其体内的含羞草碱会使毛发脱落。

4. 月季花：其散发的浓郁香味会使人憋闷甚至呼吸困难。

5. 百合花：其香味易使人中枢神经过度兴奋而引发失眠。

6. 夜来香、丁香：其夜间散发的刺激嗅觉的微粒易使高血压和心脏病患者病情加重。

7. 夹竹桃：其分泌的乳白色液体接触时间过长会使人昏昏欲睡、智力下降。

8. 松柏：其芳香的气味对人体肠胃有刺激作用，影响食欲。

9. 洋绣球花：其散发的微粒易使人皮肤过敏而引发瘙痒症。

10. 郁金香：其花多含有毒碱，接触过久会加快毛发脱落。

11. 黄花杜鹃：其花朵含有一种毒素，一旦误食会引发中毒。

此外，植物中常见的、不宜摆放于室内的有毒植物有：

1. 万年青（又名"绿巨人"）：其茎叶含有哑棒酶和草酸钙，触及皮肤易产生奇痒，如误尝会引起中毒。

2. 水仙花：其花叶及花的汁液接触后可导致皮肤红肿。

3. 滴水观音：其茎干分泌的液汁接触皮肤后易引发瘙痒，接触伤口后会引发中毒。

4. 一品红：自身带有毒素，室内摆放时，应远离小孩，切忌轻易品尝。

3.32.2 餐厅的装修

第一，应注重各餐饮区域装修的风格。艺术品、挂画、装饰品内容、工艺应与饭店文化定位与餐厅经营内容一致，配有目的物照明光源，体量适宜、位置合理，有助于餐饮区域形成特色突出、环境宜人的就餐氛围。

第二，地毯、桌布、口布、椅套应与餐厅主体色调和餐具风格搭配协调，符合现代审美标准。

第三，餐厅应有酒水台，照明充足，摆放得体，形成良好氛围。应有分区设计，满足不同需求就餐者的消费。

第四，餐饮小包间应力争设立备餐间或传菜口。豪华包间应配有卫生间。餐桌摆放位置应与顶部灯光设计协调对应。

第五，中餐服务区域应使用暖光源，照明充足。

第六，餐饮区域背景音乐曲目适宜、音量适当。

第七，通道、电梯间到餐厅之间应力争留有缓冲区域，供宾客休息、等待使用。

3.32.3 餐厅舒适度

餐厅舒适度是饭店餐饮服务中十分重要的质量组成部分，良好的餐厅舒适度有利于提升餐饮产品的形象与特色，提高宾客的就餐质量。餐厅舒适度应依托专业化的设计，充分满足以下基本条件：

第一，空间组织、隔离形态和分区设计符合人的餐饮行为。

第二，家具形态和坐席排列符合人体工程学原理。

通常情况下，餐厅坐席设计考虑的因素主要有：坐席的尺度应参照人体测量学数据设计；坐席的设计应保证宾客足够的支撑与稳定作用；宾客腰椎下部应提供支撑，设置适当的靠背以降低背部紧张度；坐席应使宾客能方便地变换姿势，但须防止滑脱。

第三，餐具配置彰显餐饮产品类型特色。

第四，光环境、音环境和整体艺术氛围的营造满足宾客视觉和听觉的要求。

第五，空气环境质量符合宾客嗅觉要求。

3.33 标准 6 安全设施

6	安全设施	16		
6.1	客房安全设施		8	
6.1.1	电子卡门锁或其他高级门锁			2

续表

6.1.2	客房门有自动闭合功能			1		
6.1.3	贵重物品保险箱			3		
6.1.3.1	位置隐蔽、照明良好、方便使用				1	
6.1.3.2	数量				2	
	100%的客房配备					2
	不少于50%的客房配备					1
6.1.4	客房配备逃生电筒,使用有效			1		
6.1.5	客房配备与宾客数相等的防毒面具			1		
6.2	公共区域		6			
6.2.1	有安保人员24小时值班、巡逻			2		
6.2.2	闭路电视监控			2		
	覆盖饭店所有公共区域,画面清晰,定期保存监控资料(以当地有关部门规定为准)					2
	电梯、大堂、走廊、停车场出入口等主要公共区域有闭路电视监控					1
6.2.3	通往后台区域有明显提示,有安全可靠的钥匙管理制度			1		
6.2.4	各通道显著位置设有紧急出口标志			1		
6.3	食品安全		2			
	设食品留样化验室,并有相应管理制度					2
	设食品留样柜					1

　　6.1.1"高级门锁":电脑配置的机械锁视同高级门锁。6.1.3.1"方便使用":如贵重物品保险箱直接放置于地面,则视为不方便使用,该项目不得分。6.1.4"逃生电筒":不是充电式可接受。其他内容参照相关具体释义。

3.34 标准7 员工设施

7	员工设施		7			
7.1	有独立的员工食堂			1		
7.2	有独立的更衣间			1		
7.3	有员工浴室			1		
7.4	有倒班宿舍			1		
7.5	有员工专用培训教室,配置必要的教学仪器和设备			1		
7.6	有员工活动室			1		
7.7	有员工电梯(或服务电梯)			1		

　　员工更衣间的设置应注意两个因素:

　　第一,位置:员工更衣间应位于饭店主体建筑内或有封闭通道与主体建筑相连，方便员工的使用，确保员工良好的仪容仪表。

第二，更衣间内应配备必要的设施，如数量充足、安全性能良好的衣橱、全身镜、坐椅，员工着装规范示意图等。

标准中的其他各项内容参照2.48和2.56具体释义。

3.35　标准8.1商务会议型饭店设施要求

8	特色类别	183			
8.1	商务会议型饭店设施		70		
8.1.1	行政楼层			14	
8.1.1.1	专设接待台，可办理入住、离店手续，并提供问询、留言等服务				1
8.1.1.2	提供电脑上网、复印、传真等服务				1
8.1.1.3	有小会议室或洽谈室				1
8.1.1.4	有餐饮区域(行政酒廊,提供早餐、欢乐时光、下午茶),面积与行政楼层客房数相匹配,应设置备餐间				4
8.1.1.5	设阅览、休息区域				1
8.1.1.6	可提供管家式服务				2
8.1.1.7	设公共卫生间				1
8.1.1.8	行政楼层的客房				3
8.1.1.8.1	客用品配置高于普通楼层客房				2
8.1.1.8.2	附设写字台电话,且有"一键式"呼叫管家服务按钮				1
8.1.2	大宴会厅或多功能厅(应配有与服务面积相匹配的厨房)			23	
8.1.2.1	面积(面积计算以固定隔断为准,序厅面积达不到要求,减1分)				6
	无柱,不小于800m²,且序厅不小于250m²				6
	不小于500m²,且序厅不小于150m²				4
	不小于240m²,且序厅不小于70m²				2
8.1.2.2	净高度				3
	不低于6m				3
	不低于5m				2
	不低于3.5m				1
8.1.2.3	设专用入口				1
8.1.2.4	设专用通道(楼梯、自动扶梯等)				1
8.1.2.5	装修与装饰				4
	专业设计、材质高档、工艺精致、氛围协调				4

	材质高档,工艺较好				2
	材质一般,工艺一般				1
8.1.2.6	音响效果良好,隔音效果良好			1	
8.1.2.7	通风良好,温度适宜			1	
8.1.2.8	配设衣帽间			1	
8.1.2.9	灯光			3	
	专业设计,可营造不同氛围				3
	灯光分区控制,亮度可调节				2
	灯光分区控制				1
8.1.2.10	设贵宾休息室,位置合理,并有专用通道进入大宴会厅			2	
8.1.3	会议厅		12		
8.1.3.1	面积(如有多个会议厅,可以累计得分,但总分不超过8分)			4	
	不小于400m²				4
	不小于300m²				3
	不小于200m²				2
8.1.3.2	有坐席固定的会议厅			2	
8.1.3.3	小会议室(至少容纳8人开会)			3	
	不少于4个				3
	不少于2个				1
8.1.3.4	通风良好,温度适宜			1	
8.1.3.5	灯光分区控制,亮度可调节,遮光效果良好			1	
8.1.3.6	隔音效果良好			1	
8.1.4	会议设施		4		
8.1.4.1	同声传译功能设置(设备可租借)			1	
8.1.4.2	电视电话会议功能设置(设备可租借)			1	
8.1.4.3	多媒体演讲系统(电脑、即席发言麦克风、投影仪、屏幕等)			1	
8.1.4.4	各会议室音响效果良好			1	
8.1.5	展览厅(布展面积)		8		
	至少5000m²,层高不低于10m				8
	至少2000m²,层高不低于7m				4
8.1.6	商务中心		9		
8.1.6.1	位置合理,方便宾客使用			1	
8.1.6.2	配备完整的办公设施(包括复印机、打印机、传真机、装订机、手机充电器等),提供秘书服务、报刊杂志			2	

续表

8.1.6.3	装修与装饰			3	
	专业设计、材质高档、工艺精致,与整体氛围协调,与饭店规模与档次匹配				3
	材质较好,工艺较好				2
	材质一般,工艺一般				1
8.1.6.4	有洽谈室(或出租式办公室)			2	
8.1.6.5	有相对独立区域,提供可连接互联网的电脑			1	

3.35.1 宴会厅、多功能厅

宴会厅、多功能厅是饭店餐饮的重要组成部分,宴会厅以举办各类宴会,如正式宴会、鸡尾酒会、冷餐酒会为主。同时,商务会议型饭店根据市场需要,往往设置能承担会议、学术交流、展览、演出、宴会等大型活动的多功能厅。

宴会厅、多功能厅的设计应关注:

第一,应有序厅。

第二,配有贵宾休息室和衣帽间,贵宾休息室中的"专用通道"指不和公共区域有交叉。

第三,配有专门的厨房。

第四,设有适当的家具储藏室,存放不用或暂时闲置的家具。另应设有服务间,提供茶水服务、杯具清理等。

第五,出入门,严禁使用推拉门、卷帘门、转门和折叠门。

第六,宜有专门的贵宾通道直达主席台。

3.35.2 行政楼层

行政楼层也称为商务楼层,是饭店为特殊高端宾客提供24小时开放服务的场所。行政楼层的设施主要包括客房设施和楼层的公共设施两部分。

第一,行政楼层的客房设施不仅仅追求设备的豪华和装修的高档,更重要的是客房提供的各项用品的完善和舒适性。这就要求行政楼层的客房比普通楼层的房间面积更大,而且要配备便于工作的各种办公用品、灯具、桌椅、多媒体电脑、带传真的电话、激光打印机、宽带网络、视频会议、IP语音通话等相应的服务。

第二,楼层的公共设施也更强调配套的完善性,完备的商务功能是行政楼层服务的基本要求。服务内容包括入住登记、结账服务、餐饮服务、会议服务、翻译服务、管家服务、信息服务、休闲服务等。服务的内涵是个性化和尊严感，要求做到高效、准确、方便、舒适，富有针对性。

第三，行政楼层应有行政酒廊，设置服务台、小会议室、餐饮区、阅读区、商务区、卫生间、餐饮操作间等基本功能区域，行政楼层餐饮区域餐位数应不小于行政楼层客房数的三分之一。

第四，行政楼层装修装饰应与饭店整体风格协调。

第五，应宾客要求可提供个性化、无缝隙链接的管家服务。管家服务是展示饭店高品位、高质量、个性化服务的标志。它将饭店中分项烦琐的服务集中到一个高素质的人员身上，要求服务人员不仅具备良好的服务意识和对饭店各部门综合业务技能的熟练掌握，还应拥有丰富的工作经验、超凡的亲和力以及灵活的应变能力。

细致、周到、圆满、美好、优雅是管家服务的基本要求。

"一键式"呼叫管家服务按钮，通过总机转接到相应管家视同具备。

3.36　标准8.2　休闲度假型饭店设施要求

8.2	休闲度假型旅游饭店设施		65		
8.2.1	温泉浴场			5	
	自用温泉浴场(饭店同一业主投资经营)				5
	邻近温泉浴场(1km以内)				2
8.2.2	海滨浴场			5	
	自用海滨浴场或有租用5年以上合同(饭店同一业主投资经营)				5
	邻近海滨浴场(1km以内)				2
8.2.3	滑雪场			5	
	自用滑雪场(饭店同一业主投资经营)				5
	邻近滑雪场(5km以内)				2
8.2.4	高尔夫球场			5	
	18洞以上的自用高尔夫球场(饭店同一业主投资经营)				5
	邻近18洞以上的高尔夫球场(5km以内)			2	
8.2.5	客房阳台			2	
	不少于50%的客房有阳台				2
	不少于30%的客房有阳台				1
8.2.6	除必备要求外,有多种风味餐厅			5	

	风味餐厅数量不少于 3 个				5
	风味餐厅数量不少于 2 个				3
8.2.7	游泳池		10		
8.2.7.1	室内游泳池面积			3	
	不小于 250m²				3
	不小于 150m²				2
	不小于 80m²				1
8.2.7.2	室外游泳池面积			2	
	不小于 300m²				2
	不小于 150m²				1
8.2.7.3	有池水循环过滤系统			1	
8.2.7.4	有消毒池			1	
8.2.7.5	有戏水池			1	
8.2.7.6	有水深、水温和水质的明显指示标志(立式或墙上)			1	
8.2.7.7	有扶手杆,在明显位置悬挂救生设备;有安全说明,并有专人负责现场安全与指导;有应急照明设施			1	
8.2.8	桑拿浴		2		
8.2.8.1	男女分设			1	
8.2.8.2	有呼叫按钮和安全提示			1	
8.2.9	蒸汽浴		2		
8.2.9.1	男女分设			1	
8.2.9.2	有呼叫按钮和安全提示			1	
8.2.10	专业保健按摩		1		
8.2.11	水疗		7		
8.2.11.1	装修装饰			3	
	专业灯光、音响设计,装修材质高档、工艺精致、氛围浓郁				3
	装修材料普通,装修工艺一般				1
8.2.11.2	配有专业水疗技师			2	
8.2.11.3	专业水疗用品商店			1	
8.2.11.4	有室外水疗设施			1	
8.2.12	壁球室(每个 1 分,最多 2 分)		2		
8.2.13	室内网球场(每个 2 分,最多 4 分)		4		
8.2.14	室外网球场(每个 1 分,最多 2 分)		2		
8.2.15	室外高尔夫练习场		2		
8.2.16	室内电子模拟高尔夫		1		
8.2.17	有儿童活动场所和设施,并有专人看护		1		

续表

8.2.18	其他运动娱乐休闲项目(每类1分,最多4分)			4	
8.3	其他		48		
8.3.1	健身房			18	
8.3.1.1	布局合理、通风良好、照明良好(与客房区域相对隔离)				2
8.3.1.2	自然采光,光线充足				2
8.3.1.3	装修装饰				3
	专业设计,装修材质高档、工艺精致,氛围营造突出				3
	装修材质较好,工艺较好				2
	装修材料普通,工艺一般				1
8.3.1.4	面积				4
	不小于200m²				4
	不小于100m²				2
	不小于50m²				1
8.3.1.5	器械				2
	专业健身器械,不少于10种				2
	不少于5种				1
8.3.1.6	有音像设施和器械使用说明				1
8.3.1.7	有专用形体房,并开设一定形体课程				2
8.3.1.8	配备专业健身教练,提供专业指导				2
8.3.2	更衣室			7	
8.3.2.1	面积和数量				2
	面积宽敞,更衣箱数量不少于客房总数的15%,门锁可靠				2
8.3.2.2	配备数量适当的坐椅				1
8.3.2.3	有淋浴设施,并有洗浴、洗发用品				2
8.3.2.4	有化妆台,并备有吹风机和护肤、美发用品				1
8.3.2.5	有太阳浴设备				1
8.3.3	专用团队宾客接待台			1	
8.3.4	团队宾客专用出入口			1	
8.3.5	美容美发室			1	
8.3.6	歌舞厅、演艺厅或KTV			2	
8.3.7	影剧场,舞台设施和舞台照明系统能满足一般演出需要			2	
8.3.8	定期歌舞表演			1	
8.3.9	专卖店或商场(对于度假型饭店,应提供当地特色产品或食品)			2	
8.3.10	旅游信息电子查询系统			1	

3.36.1 客房阳台

客房阳台的认定标准是阳台建筑结构、面积的功能性，需要考察阳台是否能让宾客进入、逗留，并配置必要的满足宾客观景、休闲使用的家具与设施。

通常饭店客房的阳台应设置于客厅或卧室的顶端，其铺装后地面高度应与客房地面高度相一致。客房阳台应设置不低于120cm的安全护栏，栏杆稳固、无松动。客房阳台地面、墙面及护栏洁净无污渍，具有较强的防腐性。客房阳台的使用面积应不低于$2m^2$。

3.36.2 多种风味餐厅

认定时，根据饭店所设餐厅总数，在扣除三个必要的中餐厅、咖啡厅、外国餐厅或风味餐厅等项目后，超出数量的其他风味餐厅才能予以计算。

3.36.3 游泳池

3.36.3.1 位置

室内游泳池应与客房、饭店公共区域适当隔离，避免泳池温度和氯气对其他宾客的影响；室外游泳池应选择日照充分、不受风直接侵袭、树木较少的地方。

3.36.3.2 设施要求

第一，游泳池门口应设立宾客须知、营业时间、价目表等标志。标牌的制作应美观，符合星级饭店公共信息图形符号的相关要求。

第二，更衣室应配带锁更衣柜、衣架、椅凳等；采用间隔式淋浴间，有门或浴帘，配洗浴液，有防滑措施。

第三，入口处设浸脚消毒池。

第四，有池水加热系统；池水循环处理系统，每日补给3%以上新鲜水；池水应定期消毒、更换，氯值应保持在7.5±0.2之间；细菌总数不超过1000个。

第五，照明充足，室内自然光率应不低于30%；室温保持在25℃～30℃；水温控制在18℃～20℃；室内相对湿度控制在50%～90%。

第六，有水深、水温指示标志；有救生设备，有安全警示标志；有充足的躺椅，设有饮品服务处。

第七，应做到设计美观、环境舒适，家具摆放整洁，布草充足，绿色植物适宜。

3.36.4 桑拿浴

"桑拿"一词来源于芬兰语，意指"一个没有窗子的小木屋"，因而桑拿浴也称为芬兰浴。现代桑拿浴是一种以洗浴为手段的健体方式，已成饭店标准的康乐配套设施。

桑拿浴的基本设施包括：桑拿房、蒸汽房、热水或温水冲浪池（即水力按摩池）、冷水池等。

3.36.5 水疗

水疗，又称为SPA，源于拉丁文"Solus Por Aqua"（Health by water）的字首，Solus＝健康，Por＝经由，Aqua＝水，意指用水来达到健康。其方法是充分运用水的物理特性、温度及冲击，来达到保养、健身的效果。

SPA有不同的主题诉求，透过人体的五大感官功能，即听觉（疗效音乐）、味觉（花草茶、健康饮食）、触觉（按摩、接触）、嗅觉（天然芳香精油）、视觉（自然或仿自然景观、人文环境）等达到全方位的融合，将精、气、神三者合一，实现身、心、灵的放松。

水疗是SPA最普遍的形式。现代的SPA关键是水资源及水设备，常见的有桶浴、湿蒸、干蒸、淋浴及水力按摩浴等，也常常选用矿物质、海底泥、花草萃取物、植物精油等来改善水质作用于人体。

3.36.6 健身房

3.36.6.1 健身房的构成

标准的健身房应分为：更衣区、伸展区、器械健身区、形体室、休息活动区、体能测试区等不同区域，承担不同的服务功能。

3.36.6.2 设施设备要求

第一，健身中心门口应设立宾客须知、营业时间、价目表等标志。标牌的制作应美观，符合星级饭店公共信息图形符号的相关要求。

第二，更衣室应配带锁更衣柜、衣架、椅凳等；采用间隔式淋浴间，有门或浴帘，配洗浴液，有防滑措施（如饭店健身房、游泳池均设有独立的更衣室，评定时则进行加总计算）。

第三，设有饮品服务处。

第四，配有体重秤。

第五，室内照明充足。自然采光照度不低于80Lx，灯光照度不低于60Lx。

第六，室温应保持在18℃～20℃；相对湿度控制在50%～60%；有通风装置，换气量不低于40m³/人·小时。

第七，有音像设施及器械使用说明。

第八，有绿色植物。

3.36.7　歌舞厅、演艺厅、KTV

歌舞厅、演艺厅、KTV房应高度重视安全防范工作，严格按照国家相关防火规范执行。

接待处应设立宾客须知、营业时间、价目表等标志。标牌的制作应美观，符合星级饭店公共信息图形符号的相关要求。

3.36.8　其他运动娱乐休闲项目

指本标准所列运动娱乐休闲项目以外，饭店根据市场需求所设置的其他项目，如足浴、乒乓球、骑马、划船、登山、射击、保龄球、沙壶球、沙滩排球、篮球等。

3.37　品牌化、集团化

8.3.11	品牌化、集团化程度			2	
	委托专业饭店管理公司管理				2
	品牌特许经营方式，国内同一品牌加盟店20家以上				1

3.37.1　品牌化

所谓品牌化是指赋予饭店产品与服务一种品牌所具有的能力。品牌化的根本是创造差别使饭店与众不同。

专业饭店管理公司是指以一座或者若干座直营饭店为载体，拥有独立的服务品牌、管理模式和市场营销渠道，以其特有的专业技术、管理人才向饭店输出管理，并依法独立享有民事权利和承担民事义务的企业法人。

所谓品牌特许经营是指特许者将自己所拥有的商标（包括服务商标）、商号、产品、专利和专有技术、经营模式等以特许经营合同的形式授予被特许者使用，被特许者按合同规定，在特许者统一的业务模式下从事经营活动，并向特许者支付相应的费用的一种商业模式。

3.37.2　集团化

所谓集团即是以母公司为基础，以产权关系为纽带，通过合资、合作或股权投资等方式把三个及三个以上的独立企业法人联系在一起就形成了集团。所谓集团化是指集团成员之间在研发、采购、制造、销售、管理等环节紧密联系在一起，协同运作的一种管理方式。

集团化的显著特点：

第一，资源共享，节省成本和费用。统一采购可以降低采购成本，统一技术可以保证产品质量，统一销售可以节约营销费用，统一结算可以节省财务费用，统一资源可以解决融资难题等。

第二，优势互补，提升企业运作和管理效率。集团化运作可以用某一饭店企业的"长板"去弥补其他饭店企业的"短板"，使这一长项得到充分发挥，从而带动其他成员饭店提高运作和管理的效率，比如销售渠道的融通、人力资源管理经验的借鉴等。

第三，提高饭店企业创新能力和综合竞争能力。技术创新、营销创新以及成本和费用的降低等，使饭店企业及集团综合竞争能力得到大幅度提升。

3.38　饭店总经理资质、员工素质

8.3.12	饭店总经理资质		2		
8.3.12.1	总经理连续5年以上担任同星级饭店高级管理职位			1	
8.3.12.2	总经理接受过全国或省级旅游岗位培训指导机构开展的饭店管理专业教育或培训，取得《全国旅游行业岗位职务培训证书》			1	
8.3.13	员工中通过"饭店职业英语等级测试"的人数比率		2		
	通过率20%以上				2
	通过率15%以上				1
8.3.14	饭店在前期设计或改造工程的决策中		3		
	采纳相应星级评定机构的意见				3
	征询相应星级评定机构的意见				1
8.3.15	在商务会议、度假特色类别中集中选项，得分率超过70%		3		

第一，高级管理职位。是指总经理具有在同星级饭店连续5年以上担任总监及其以上职位的经历。

第二，总经理岗位培训。是指针对饭店总经理的一套定型化计划培训，是饭店总经理任职必须接受的训练项目，内容包括管理知识系列讲座、外语课程、国家旅游局制订的"总经理岗位职务资格培训"课程等。

第三，员工职业英语。是指饭店员工依据各自岗位规范要求，达到岗位所要求的英语听、说、写以及现场交流水平，并能较熟练地运用英语进行工作沟通，不断增强跨文化交流能力与行业竞争能力。通常情况下，对饭店员工的岗位英语等级达标培训，均要求采用国家行政管理部门编印的《饭店职业英语测试教材》中《员工岗位英语（初级、中级、高级）》教材。

第四，星评机构意见。为提升星级饭店的专业性，需要强化星评机构对饭店建设与经营管理的指导。凡饭店在建设中主动与相应星评机构联系，征询意见者可得 1 分；凡饭店在设计单位招标、设计方案论证过程中采纳相应星评机构相关意见者可得 3 分。

在星评工作中，饭店需出示相关文字资料。

饭店运营质量评价表释义

4.1 饭店运营质量评价的原则

第一，评价重点。饭店运营质量是饭店整体系统协调、规范、流畅的终极效果，其核心在于运营全过程中各个环节和项目所达到的水平程度。对星级饭店运营质量的评价应遵循项目→流程→动作的逻辑，关注饭店人员服务动作的专业性、规范性与完美性，以及设施设备的完好性、有效性、便利性。

第二，评价态度。应严格按照本标准所规定的内容和要求对饭店进行客观、公正的评价，任何人不得以自身企业的规范、流程或本人的好恶作为评价标准。

第三，评价方法。应重视问题的普遍性，在饭店设施设备维护保养评价中，相同问题至少应重复出现3处以上，才能视做饭店的不足。同时，在饭店不同服务区域、不同岗位，出现相同问题，评价时只能扣减一次分数，不得多次重复扣分。

第四，评价尺度。在服务质量评价时，完全达到标准要求为优，基本达到为良，部分达到为中，严重不足为差。

在设施设备维护保养评价时，没有问题为优，出现1次问题为良，出现2次为中，出现3次以上为差。

4.2 管理制度与规范

4.2.1 标准要求

1.1.1	有完备的规章制度	6	4	2	1
1.1.2	有完备的操作程序	6	4	2	1
1.1.3	有完备的服务规范	6	4	2	1
1.1.4	有完备的岗位安全责任制与各类突发事件应急预案,有培训、演练计划和实施记录	6	4	2	1
1.1.5	制定饭店人力资源规划,有明确的考核、激励机制,有系统的员工培训制度和实施记录,企业文化特色鲜明	6	4	2	1
1.1.6	建立能源管理与考核制度,有完备的设备设施运行、巡检与维护记录	6	4	2	1
1.1.7	建立宾客意见收集、反馈和持续改进机制	6	4	2	1

4.2.2 释义

饭店规章制度、操作程序与服务规范是饭店经营、管理与服务的基本法典。

规章制度是指饭店制订的对所有员工的要求;操作程序是指饭店对工作流程的规定;服务规范是指对员工服务操作动作的要求。

饭店应结合行业运营规律和发展趋势,立足饭店自身客源市场定位和实际需要,制定科学性、完整性、实效性、可操作性的饭店管理制度和服务规范。

在星评时,应关注三个环节的落实情况:

第一,饭店管理制度与规范文本的完备程度。

第二,制度文本与现场实际运行情况的吻合程度。

第三,饭店组织员工学习、掌握管理制度和服务规范的程度。

4.3 员工素养

4.3.1 标准要求

1.2	员工素养	优	良	中	差
1.2.1	仪容仪表得体,着装统一,体现岗位特色;工服整洁、熨烫平整,鞋袜整洁一致;佩戴名牌,着装效果好	6	4	2	1
1.2.2	训练有素、业务熟练,应变能力强,及时满足宾客合理需求	6	4	2	1
1.2.3	各部门组织严密、沟通有效,富有团队精神	6	4	2	1

4.3.2 释义

第一，员工素养得益于饭店的企业文化、关爱文化和培训体系的建设与实施，在很大程度上反映了饭店管理水平所达到的整体高度。

第二，员工应变能力是员工个人职业能力的重要体现，体现员工的反应速度及专业知识水平高低。

第三，考察团队精神既要看运行与执行情况，也需要观察饭店操作流程中有无各部门协作与连接的相关制度规定。

4.4 总机

4.4.1 标准要求

2.1.1	总机	优	良	中	差
2.1.1.1	在正常情况下,电话铃响10秒钟内应答	3	2	1	0
2.1.1.2	接电话时正确问候宾客,同时报出饭店名称,语音清晰,态度亲切	3	2	1	0
2.1.1.3	转接电话准确、及时、无差错(无人接听时,15秒钟后转回总机)	3	2	1	0
2.1.1.4	熟练掌握岗位英语或岗位专业用语	3	2	1	0

4.4.2 释义

"电话铃响10秒钟内应答"的要求是基于宾客拨打电话时的心理活动过程提出的。通常情况下，宾客拨打电话后，铃响第一声，宾客的心理活动是"接通了"；第二声，宾客的心理活动是"有人接听吗"；第三声响后，宾客便会产生疑虑，对饭店的服务效率形成不满。因此需要饭店总机在宾客产生疑虑以前接听电话，报出饭店名称，使宾客安下心来，寻求服务，这一过程大致在10秒时间内。

4.5 预订

4.5.1 标准要求

2.1.2	预订	优	良	中	差
2.1.2.1	及时接听电话,确认宾客抵离时间,语音清晰,态度亲切	3	2	1	0
2.1.2.2	熟悉饭店各项产品,正确描述房型差异,说明房价及所含内容	3	2	1	0

续表

2.1.2.3	提供预订号码或预订姓名,询问宾客联系方式	3	2	1	0
2.1.2.4	说明饭店入住的有关规定,通话结束前重复确认预订的所有细节,并向宾客致谢	3	2	1	0
2.1.2.5	实时网络预订,界面友好,及时确认	3	2	1	0

4.5.2 释义

第一,饭店产品与房型差异的描述是预订服务中的一门艺术,目的在于让宾客对饭店产品有更深入的了解。

第二,"通话结束前重复确认预订的所有细节"是为了保证预订内容的准确、无遗漏,这是饭店服务中容易被遗忘的环节。

第三,饭店网络主页设定应客观真实。言过其实的宣传形成虚假的心理预期,往往导致宾客总体感受的降低,对饭店危害极大。

4.6 入住登记

4.6.1 标准要求

2.1.3	入住登记	优	良	中	差
2.1.3.1	主动、友好地问候宾客,热情接待	3	2	1	0
2.1.3.2	与宾客确认离店日期,对话中用姓氏称呼宾客	3	2	1	0
2.1.3.3	询问宾客是否需要贵重物品寄存服务,并解释相关规定	3	2	1	0
2.1.3.4	登记验证,信息上传效率高、准确无差错	3	2	1	0
2.1.3.5	指示客房或电梯方向,或招呼行李员为宾客服务,祝愿宾客入住愉快	3	2	1	0

4.6.2 释义

第一,热情接待,体现在员工的服务动作中。在宾客接近总服务台时,员工应微笑主动招呼或示意宾客。

第二,指示方向不单单采用手势,需要员工以手势指引、目光、语言明示相配合。

4.7 行李服务

4.7.1 标准要求

2.1.4	*行李服务	优	良	中	差
2.1.4.1	正常情况下,有行李服务人员在门口热情友好地问候宾客	3	2	1	0
2.1.4.2	为宾客拉开车门或指引宾客进入饭店	3	2	1	0
2.1.4.3	帮助宾客搬运行李,确认行李件数,轻拿轻放,勤快主动	3	2	1	0
2.1.4.4	及时将行李送入房间,礼貌友好地问候宾客,将行李放在行李架或行李柜上,并向宾客致意	3	2	1	0
2.1.4.5	离店时及时收取行李,协助宾客将行李放入车辆中,并与宾客确认行李件数	3	2	1	0

4.7.2 释义

员工应形成以下工作习惯:

第一,应在车停稳后开启车门。

第二,关车门时应密切注意宾客的身体与衣物,不磕碰、无挤压。

第三,提示宾客带好随身物品并观察车内有无宾客遗留物品。

第四,细心地记下车型、车号。

4.8 礼宾、问询服务

4.8.1 标准要求

2.1.5	礼宾、问询服务	优	良	中	差
2.1.5.1	热情友好、乐于助人,及时响应宾客合理需求	3	2	1	0
2.1.5.2	熟悉饭店各项产品,包括客房、餐饮、娱乐等信息	3	2	1	0
2.1.5.3	熟悉饭店周边环境,包括当地特色商品、旅游景点、购物中心、文化设施、餐饮设施等信息;协助安排出租车	3	2	1	0
2.1.5.4	委托代办业务效率高、准确无差错	3	2	1	0

4.8.2 释义

无微不至、极尽所能是礼宾服务的基本要求。清晰准确是问询服务工作的要点。

饭店委托代办服务是指饭店为满足宾客个性化消费需求，体现服务品质的一种服务方式，主要向宾客提供饭店内的综合服务及城市导游综合服务。

4.9 叫醒服务

4.9.1 标准要求

2.1.6	*叫醒服务	优	良	中	差
2.1.6.1	重复宾客的要求,确保信息准确	3	2	1	0
2.1.6.2	有第二遍叫醒,准确、有效地叫醒宾客,人工叫醒电话正确问候宾客	3	2	1	0

4.9.2 释义

人工叫醒是指通过员工将电话打进宾客房间叫醒宾客的一种饭店服务的个性化方式。其内容包括：

第一，问候宾客。

第二，告知时间。

第三，通报天气情况。

第四，询问是否需要再次提醒。

4.10 结账

4.10.1 标准要求

2.1.7	结账	优	良	中	差
2.1.7.1	确认宾客的所有消费,提供总账单,条目清晰、正确完整	3	2	1	0
2.1.7.2	效率高,准确无差错	3	2	1	0
2.1.7.3	征求宾客意见,向宾客致谢并邀请宾客再次光临	3	2	1	0

4.10.2 释义

账目清楚、准确高效是结账服务的基本要求。若有疑问，应认真查询，细心解释。

正常情况下应在 3 分钟内完成。

总账单的概念见 2.12.2 相关释义。

4.11　前厅维护保养与清洁卫生

4.11.1　标准要求

2.2	前厅维护保养与清洁卫生	优	良	中	差
2.2.1	地面:完整、无破损、无变色、无变形、无污渍、无异味,清洁、光亮	3	2	1	0
2.2.2	门窗:无破损、无变形、无划痕、无灰尘	3	2	1	0
2.2.3	天花板(包括空调排风口):无破损、无裂痕、无脱落、无灰尘、无水迹、无蛛网、无污渍	3	2	1	0
2.2.4	墙面(柱):平整,无破损、无开裂、无脱落、无污渍、无蛛网	3	2	1	0
2.2.5	电梯:平稳、有效、无障碍、无划痕、无脱落、无灰尘、无污渍	3	2	1	0
2.2.6	家具:稳固、完好,与整体装饰风格相匹配,无变形、无破损、无烫痕、无脱漆、无灰尘、无污渍	3	2	1	0
2.2.7	灯具:完好、有效,与整体装饰风格相匹配,无灰尘、无污渍	3	2	1	0
2.2.8	盆景、花木、艺术品:无枯枝败叶,修剪效果好,无灰尘、无异味、无昆虫,与整体装饰风格相匹配	3	2	1	0
2.2.9	总台及各种设备(贵重物品保险箱、电话、宣传册及册架、垃圾桶、伞架、行李车、指示标志等):有效,无破损、无污渍、无灰尘	3	2	1	0

4.11.2　释义

维护保养和清洁卫生是饭店延长产品使用寿命、营造优良环境质量的重要工作。维护保养与清洁卫生工作不得破坏建筑物原有的材质,不得以牺牲环境质量为代价。

第一,地面。花岗岩、大理石等点、线、面线条清晰,打蜡后蜡面及色泽均匀,质感一致,表面光亮,无杂物、无污迹,防滑效果好。

第二,墙面。花岗岩、大理石等墙面蜡层均匀,光泽感一致,无漏涂之处,无污垢、污渍、水迹、水渍、手印及其他印迹。

木质墙面无污渍、无破损。墙裙上沿和下部踢脚板上沿平面及凹凸面无污垢,死角处无灰尘。

金属装饰板有金属光泽感;亚光处理有凝重质感,表面无划痕;镜面不锈钢无折光现象;密封胶表面任意处无污垢。

墙纸凹凸面、发泡面的立体图案无污垢留存、无灰尘、无潮湿现象,无色斑、霉点。

第三，门、窗。门、窗及玻璃内外表面无污渍、污垢、水渍、水迹、印迹等，玻璃透光性好，无折光现象。

玻璃和门框结合处、窗框结合处及四角无灰尘、杂物留存。门套、窗框结缝、铰链处无灰尘、杂物留存。金属结构框有金属质感并保持原有色泽。玻璃透光性好，无折光现象。不锈钢镜面光亮，无污渍。

第四，天花板。天花板平面无色泽、质感的变化。天花板、通风口、百叶窗、灯饰内、垃圾箱、导向牌等无积尘、蜘蛛网。

第五，电梯。电梯内、外门表面无污渍、污垢、水渍、水迹、印迹等。电梯轿厢内上下四角及扶手下部无灰尘，顶部灯罩内无杂物，按钮灵活有效、指示清晰，开关门及运行速度适宜、平稳。

第六，灯具。灯具完好，饰品表面无污渍、污垢、水渍、印迹。

第七，绿色植物等。摆放位置合理，不阻碍通道，不遮挡消防设备。盆具有设计、有装饰。绿色植物造型有选择，修剪得体，与环境协调。

4.12 整理客房服务

4.12.1 标准要求

3.1.1	整理客房服务	优	良	中	差
3.1.1.1	正常情况下，每天14时前清扫客房完毕。如遇"请勿打扰"标志，按相关程序进行处理	3	2	1	0
3.1.1.2	客房与卫生间清扫整洁，无毛发、无灰尘、无污渍	3	2	1	0
3.1.1.3	所有物品已放回原处，所有客用品补充齐全	3	2	1	0
3.1.1.4	应宾客要求更换床单、被套、毛巾、浴巾等	3	2	1	0

4.12.2 释义

整理客房服务是饭店常规性服务内容，具体要求详见2.26相关释义。

如遇"请勿打扰"标志时，其处理程序应遵循：

第一，对挂有或显示"请勿打扰"标志的房间，在14时以前服务员暂不提供房间清扫服务，并在工作单上记下房号及时间。

第二，工作或推车经过房间时，服务员应做到说话轻、走路轻、操作轻，避免影响宾客的休息。

第三，若在14时以后，该房间仍挂有或显示"请勿打扰"标志，服务员应及时报告房务中心，房务中心通知有关人员采取相应措施。

4.13 开夜床服务

4.13.1 标准要求

3.1.2	*开夜床服务	优	良	中	差
3.1.2.1	正常情况下，每天17~21时提供开夜床服务；如遇"请勿打扰"标志，按相关程序进行处理	3	2	1	0
3.1.2.2	客房与卫生间清扫整洁，无毛发、无灰尘、无污渍	3	2	1	0
3.1.2.3	所有物品已整理整齐，所有客用品补充齐全	3	2	1	0
3.1.2.4	床头灯处于打开状态，遮光窗帘已充分闭合	3	2	1	0
3.1.2.5	床边垫巾和拖鞋放置到位，电视遥控器、洗衣袋等放置方便宾客取用	3	2	1	0
3.1.2.6	床头放置晚安卡或致意品	3	2	1	0

4.13.2 释义

夜床服务是饭店个性化服务的一种方式，具体要求详见2.28的相关释义。

4.14 洗衣服务

4.14.1 标准要求

3.1.3	*洗衣服务	优	良	中	差
3.1.3.1	洗衣单上明确相关信息（服务时间、价格、服务电话、送回方式等），配备饭店专用环保洗衣袋	3	2	1	0
3.1.3.2	应宾客要求，及时收集待洗衣物，并仔细检查	3	2	1	0
3.1.3.3	在规定时间内送还衣物，包装、悬挂整齐	3	2	1	0
3.1.3.4	所有的衣物已被正确洗涤、熨烫，如果污渍不能被清除，书面告知宾客	3	2	1	0

4.14.2 释义

洗衣服务是客房服务的延伸，具体要求详见2.30相关释义。

4.15 微型酒吧

4.15.1 标准要求

3.1.4	*微型酒吧	优	良	中	差
3.1.4.1	小冰箱运行状态良好,无明显噪声,清洁无异味	3	2	1	0
3.1.4.2	提供微型酒吧价目表,价目表上的食品、酒水与实际提供的相一致	3	2	1	0
3.1.4.3	食品、酒水摆放整齐,且标签朝外,均在保质期之内	3	2	1	0
3.1.4.4	及时补充微型酒吧上被耗用的物品,应要求及时供应冰块和饮用水	3	2	1	0

4.15.2 释义

微型酒吧是高星级饭店客房的基本设施,具体要求详见2.29相关释义。

4.16 客房维护保养和清洁卫生

4.16.1 标准要求

3.2	客房维护保养与清洁卫生	优	良	中	差
3.2.1	房门:完好、有效、自动闭合,无破损、无灰尘、无污渍	3	2	1	0
3.2.2	地面:完整、无破损、无变色、无变形、无污渍、无异味	3	2	1	0
3.2.3	窗户、窗帘:玻璃明亮,无破损、无污渍、无脱落、无灰尘	3	2	1	0
3.2.4	墙面:无破损、无裂痕、无脱落、无灰尘、无水迹、无蛛网	3	2	1	0
3.2.5	天花板(包括空调排风口):无破损、无裂痕、无脱落、无灰尘、无水迹、无蛛网、无污渍	3	2	1	0
3.2.6	家具:稳固、完好,无变形、无破损、无烫痕、无脱漆、无灰尘、无污渍	3	2	1	0
3.2.7	灯具:完好、有效,无灰尘、无污渍	3	2	1	0
3.2.8	布草(床单、枕头、被子、毛毯、浴衣等):配置规范、清洁,无灰尘、无毛发、无污渍	3	2	1	0
3.2.9	电器、插座(电视、电话、冰箱等):完好、有效、安全,无灰尘、无污渍	3	2	1	0
3.2.10	客房内印刷品(服务指南、电视节目单、安全出口指示图等):规范、完好、方便取用,字迹图案清晰,无皱折、无涂抹、无灰尘、无污渍	3	2	1	0
3.2.11	绿色植物、艺术品:与整体氛围相协调,完整,无褪色、无脱落、无灰尘、无污渍	3	2	1	0
3.2.12	床头(控制)柜:完好、有效、安全,无灰尘、无污渍	3	2	1	0
3.2.13	贵重物品保险箱:方便使用,完好有效,无灰尘、无污渍	3	2	1	0

续表

3.2.14	客房电话机:完好、有效,无灰尘、无污渍,旁边有便笺和笔	3	2	1	0
3.2.15	卫生间门、锁:安全、有效,无破损、无灰尘、无污渍	3	2	1	0
3.2.16	卫生间地面:平坦,无破损、无灰尘、无污渍、排水畅通	3	2	1	0
3.2.17	卫生间墙壁:平整,无破损、无脱落、无灰尘、无污渍	3	2	1	0
3.2.18	卫生间天花板:无破损、无裂痕、无脱落、无灰尘、无水迹、无蛛网、无污渍	3	2	1	0
3.2.19	面盆、浴缸、淋浴区:洁净,无毛发、无灰尘、无污渍	3	2	1	0
3.2.20	水龙头、淋浴喷头等五金件:无污渍、无滴漏,擦拭光亮	3	2	1	0
3.2.21	恭桶:洁净,无堵塞,噪声低	3	2	1	0
3.2.22	下水:通畅,无明显噪声	3	2	1	0
3.2.23	排风系统:完好,运行时无明显噪声	3	2	1	0
3.2.24	客用品(毛巾、口杯等):摆放规范、方便使用,完好,无灰尘、无污渍	3	2	1	0

4.16.2 释义

客房是饭店的主体,是饭店的核心产品,客房产品舒适度与服务质量所达到的水平直接影响到饭店的声誉和收益,因此持续维持安全、清洁、舒适、方便的产品形态是客房维护保养和清洁卫生工作的主要任务。

设施设备安全、有效,无破损、无污渍、无灰尘;客房用品摆放规范、方便使用,完好,无灰尘、无污渍是客房维护保养和清洁卫生的基本原则。

同时,要高度关注以下几个环节:

第一,闭门器应力度适宜,做到既能自动轻闭房门,又不至于力量太大产生噪声。

第二,消防走火图应按照每间客房与紧急出口的实际走向与范围制作,标志规范、文字清晰,方向直观明确。

第三,网络使用说明浅显易懂,网速快、操作方便。

第四,电视节目单与实际频道设置一致,清晰明了。

第五,客房印刷品、环保卡、电话、花篮、杯具、洗漱品、方巾、烟灰缸等设施不过多占用写字台、床头柜、盥洗台空间,应方便宾客使用。

4.17 自助早餐服务

4.17.1 标准要求

4.1.1	自助早餐服务	优	良	中	差
4.1.1.1	在宾客抵达餐厅后,及时接待并引座。正常情况下,宾客就座的餐桌已经布置完毕	3	2	1	0
4.1.1.2	在宾客入座后及时提供咖啡或茶	3	2	1	0
4.1.1.3	所有自助餐食及时补充,适温、适量	3	2	1	0
4.1.1.4	食品和饮品均正确标记说明,标记牌洁净统一	3	2	1	0
4.1.1.5	提供加热过的盘子取用热食,厨师能够提供即时加工服务	3	2	1	0
4.1.1.6	咖啡或茶应宾客要求及时添加,适时更换烟灰缸	3	2	1	0
4.1.1.7	宾客用餐结束后,及时收拾餐具,结账效率高、准确无差错。宾客离开餐厅时,向宾客致谢	3	2	1	0
4.1.1.8	自助早餐食品质量评价	3	2	1	0

4.17.2 释义

自助早餐是指宾客在餐厅布置好的食品台上自取餐具、自选食品的一种就餐方式。

自助餐服务不等同于取消员工服务,应建立一套完善的服务流程,包括:

第一,餐厅:通风良好,餐台应设置于方便宾客取餐的地方,用具精美、装饰考究,食品、饮品分区合理,菜牌有设计。

第二,菜品:质量上乘、类型多样、补充及时。加热、制冷效果好。

第三,迎宾服务:有专人引领宾客入座。

第四,餐间服务:及时提供咖啡或茶,及时清理台面,适时服务。

第五,送客服务:结账及时,宾客离开餐厅时应向宾客致谢等。

4.18 正餐服务

4.18.1 标准要求

4.1.2	正餐服务	优	良	中	差
4.1.2.1	在营业时间,及时接听电话,重复并确认所有预订细节	3	2	1	0
4.1.2.2	在宾客抵达餐厅后,及时接待并引座。正常情况下,宾客就座的餐桌已经布置完毕	3	2	1	0
4.1.2.3	提供菜单和酒水单,熟悉菜品知识,主动推荐特色菜肴,点单时与宾客保持目光交流	3	2	1	0
4.1.2.4	点菜单信息完整(如烹调方法、搭配等),点单完毕后与宾客确认点单内容	3	2	1	0

续表

4.1.2.5	点单完成后,及时上酒水及冷盘(头盘),根据需要适时上热菜(主菜),上菜时主动介绍菜名	3	2	1	0
4.1.2.6	根据不同菜式要求及时更换、调整餐具,确认宾客需要的各种调料,提醒宾客小心餐盘烫手。西餐时,主动提供面包、黄油	3	2	1	0
4.1.2.7	向宾客展示酒瓶,在宾客面前打开酒瓶。西餐时,倒少量酒让主人鉴酒	3	2	1	0
4.1.2.8	红葡萄酒应是常温,白葡萄酒应是冰镇。操作玻璃器皿时,应握杯颈或杯底	3	2	1	0
4.1.2.9	宾客用餐结束后,结账效率高、准确无差错,主动征询宾客意见并致谢	3	2	1	0
4.1.2.10	正餐食品质量评价	3	2	1	0

4.18.2 释义

正餐服务是体现饭店服务水平和档次的重要环节,也是一项具体而复杂的工作。由于宾客用餐的规格、标准和方式不同,餐厅服务人员在规范的基础上,应灵活处理,体现特色,营造出热情、周到、温馨的服务氛围。

在正餐服务中,所谓"及时"是指在正常情况下应达到以下基本要求:

第一,宾客等候点菜的时间——当宾客步入餐厅就座后,服务员应在2分钟之内前来接待宾客,为宾客点菜。

第二,菜点服务到桌的时间——当宾客点菜后,宾客所点的第一道菜点应不超过10分钟服务到桌。

第三,清桌——宾客就餐离开餐桌后,服务员应在4分钟内完成清桌,并做到重新摆台。

4.19 酒吧服务

4.19.1 标准要求

4.1.3	*酒吧服务(大堂吧、茶室)	优	良	中	差
4.1.3.1	宾客到达后,及时接待,热情友好,提供酒水单,熟悉酒水知识,主动推荐,点单时与宾客保持目光交流	3	2	1	0
4.1.3.2	点单后,使用托盘及时上齐酒水,使用杯垫,主动提供佐酒小吃	3	2	1	0
4.1.3.3	提供的酒水与点单一致,玻璃器皿与饮料合理搭配,各种酒具光亮、洁净,无裂痕、无破损,饮品温度合理	3	2	1	0
4.1.3.4	结账效率高、准确无差错,向宾客致谢	3	2	1	0

4.19.2　释义

热情、快速、准确、温馨，具有艺术性是酒吧服务的基本要求。具体要求详见 2.38 的相关释义。

4.20　送餐服务

4.20.1　标准要求

4.1.4	＊送餐服务	优	良	中	差
4.1.4.1	正常情况下，及时接听订餐电话,熟悉送餐菜单内容,重复和确认预订的所有细节,主动告知预计送餐时间	3	2	1	0
4.1.4.2	正常情况下，送餐的标准时间为:事先填写好的早餐卡:预订时间 5 分钟内;临时引早餐:25 分钟内;小吃:25 分钟内;中餐或晚餐:40 分钟内	3	2	1	0
4.1.4.3	送餐时按门铃或轻轻敲门(未经宾客许可,不得进入客房);礼貌友好地问候宾客;征询宾客托盘或手推车放于何处,为宾客摆台、倒酒水、介绍各种调料	3	2	1	0
4.1.4.4	送餐推车保持清洁、保养良好。推车上桌布清洁、熨烫平整。饮料、食品均盖有防护用具	3	2	1	0
4.1.4.5	送餐推车上摆放鲜花瓶。口布清洁、熨烫平整、无污渍。盐瓶、胡椒瓶及其他调味品盛器洁净,装满	3	2	1	0
4.1.4.6	送餐完毕,告知餐具回收程序(如果提供回收卡,视同已告知);向宾客致意,祝愿宾客用餐愉快	3	2	1	0
4.1.4.7	送餐服务食品质量评价	3	2	1	0

4.20.2　释义

送餐服务是高星级饭店客房服务特色与品质的体现，也是饭店重要的营收渠道。具体要求详见 2.31 的相关释义。

4.21　餐饮区域维护保养和清洁卫生

4.21.1　标准要求

4.2	餐饮区域维护保养与清洁卫生	优	良	中	差
4.2.1	餐台(包括自助餐台):稳固、美观、整洁	3	2	1	0
4.2.2	地面:完整、无破损、无变色、无变形、无污渍、无异味	3	2	1	0
4.2.3	门窗及窗帘:玻璃明亮,无破损、无变形、无划痕、无灰尘	3	2	1	0

续表

4.2.4	墙面:平整,无破损、无裂痕、无脱落、无灰尘、无水迹、无蛛网	3	2	1	0
4.2.5	天花板(包括空调排风口):平整,无破损、无裂痕、无脱落、无灰尘、无水迹、无蛛网	3	2	1	0
4.2.6	家具:稳固、完好,无变形、无破损、无烫痕、无脱漆、无灰尘、无污染	3	2	1	0
4.2.7	灯具:完好、有效,无灰尘、无污渍	3	2	1	0
4.2.8	盆景、花木:无枯枝败叶、修剪效果好,无灰尘、无异味、无昆虫	3	2	1	0
4.2.9	艺术品:有品位、完整,无褪色、无灰尘、无污渍	3	2	1	0
4.2.10	客用品(包括台布、餐巾、面巾、餐具、烟灰缸等):方便使用、完好,无破损、无灰尘、无污渍	3	2	1	0

4.21.2 释义

营造出清洁、温馨、舒适、安全的就餐环境是餐饮区域维护保养和清洁卫生的主要任务,具体要求详见 3.32 的相关释义。

4.22 会议、宴会服务

4.22.1 标准要求

5.1	*会议、宴会服务	优	良	中	差
5.1.1	提供多种厅房布置方案,并有详细文字说明	3	2	1	0
5.1.2	各种厅房的名称标牌位于厅房显著位置,到厅房的方向指示标志内容清晰,易于理解	3	2	1	0
5.1.3	各厅房的灯光、空调可独立调控	3	2	1	0
5.1.4	有窗户的厅房配备窗帘,遮光效果好	3	2	1	0
5.1.5	厅房之间有良好的隔音效果,互不干扰	3	2	1	0
5.1.6	台布、台呢整洁平整、完好,无灰尘、无污渍	3	2	1	0
5.1.7	音响、照明、投影等设施提前调试好,功能正常	3	2	1	0
5.1.8	会议期间,及时续水,响应宾客需求	3	2	1	0
5.1.9	会议休息期间,摆正椅子,整理台面,清理垃圾	3	2	1	0

4.22.2 释义

具体要求详见 2.42 和 3.35.1 的相关释义。

4.23 健身房

4.23.1 标准要求

5.2	*健身房	优	良	中	差
5.2.1	营业时间不少于12小时,热情问候、接待	3	2	1	0
5.2.2	提供毛巾及更衣柜钥匙。有安全提示,提醒宾客保管贵重物品	3	2	1	0
5.2.3	温度合理、清洁卫生、感觉舒适、无异味	3	2	1	0
5.2.4	健身器械保养良好、易于操作,并配有注意事项,必要时向宾客讲解器械操作指南	3	2	1	0
5.2.5	照明、音像设施运行正常,照明充足、音质良好,备有饮水机与水杯	3	2	1	0

4.23.2 释义

具体要求详见3.36.6的相关释义。

4.24 游泳池

4.24.1 标准要求

5.3	*游泳池	优	良	中	差
5.3.1	水深标记及安全提示清晰、醒目(在显眼处张贴当地安全法规,要在游泳池边上能清楚地看见游泳池深度标志)	3	2	1	0
5.3.2	游泳池周边保持清洁卫生、照明充足	3	2	1	0
5.3.3	水温适当,室内游泳池水温不低于25℃,水质洁净、无混浊	3	2	1	0
5.3.4	配备专职救生人员及相应救生设施	3	2	1	0
5.3.5	提供数量充足的躺椅,且位置摆放合理,保养良好。室外游泳池提供数量充足的遮阳伞,且保养良好	3	2	1	0
5.3.6	提供毛巾,并及时更换宾客用过的毛巾。应宾客要求提供饮品	3	2	1	0

4.24.2 释义

具体要求详见3.36.3的相关释义。

4.25 更衣室

4.25.1 标准要求

5.4	*更衣室	优	良	中	差
5.4.1	天花板、墙面、地面保养良好,保持清洁,无破损、无脱落、无开裂、无污渍	3	2	1	0
5.4.2	通风良好、照明合理、更衣柜保持清洁,保养良好	3	2	1	0
5.4.3	淋浴间保持洁净,布置合理,方便使用,沐浴用品保持充足	3	2	1	0
5.4.4	提供洁净的毛巾,洗涤篮保持在未满状态	3	2	1	0

4.25.2 释义

具体要求详见3.36.3与3.36.6的相关释义。

4.26 商务中心、商店、休闲娱乐项目

4.26.1 标准要求

5.5	*商务中心、商店、休闲娱乐项目	优	良	中	差
5.5.1	商务中心应明示各项服务收费规定,员工业务熟练、效率高、质量好	3	2	1	0
5.5.2	商品部商品陈列美观、明码标价、质量可靠、包装精美,与饭店整体氛围相协调,结账效率高、准确无差错	3	2	1	0
5.5.3	休闲娱乐设施完好、有效、安全,无灰尘、无污渍、无异味	3	2	1	0
5.5.4	休闲娱乐项目热情接待、服务周到,外包项目管理规范	3	2	1	0

4.26.2 释义

具体要求详见2.50和2.51的相关释义。

4.27 周围环境

4.27.1 标准要求

6.1	周围环境	优	良	中	差
6.1.1	庭院(花园)完好,花木修剪整齐,保持清洁	3	2	1	0
6.1.2	停车场、回车线标线清晰,车道保持畅通	3	2	1	0
6.1.3	店标(旗帜)、艺术品等保养良好,无破损、无污渍	3	2	1	0

4.27.2 释义

具体要求详见 2.44 和 2.47 的相关释义。

4.28 楼梯、走廊、电梯厅

4.28.1 标准要求

6.2	楼梯、走廊、电梯厅	优	良	中	差
6.2.1	地面:完整,无破损、无变色、无变形、无污渍、无异味	3	2	1	0
6.2.2	墙面:平整,无破损、无裂痕、无脱落、无污渍、无水迹、无蛛网	3	2	1	0
6.2.3	天花板(包括空调排风口):平整,无破损、无裂痕、无脱落、无灰尘、无水迹、无蛛网	3	2	1	0
6.2.4	灯具、装饰物:保养良好,无灰尘、无破损	3	2	1	0
6.2.5	家具:洁净,保养良好,无灰尘、无污渍	3	2	1	0
6.2.6	紧急出口与消防设施:标志清晰,安全通道保持畅通	3	2	1	0
6.2.7	公用电话机:完好、有效、清洁	3	2	1	0
6.2.8	垃圾桶:完好、清洁	3	2	1	0

4.28.2 释义

具体要求详见 2.48 和 2.52 以及 2.55 的相关释义。

4.29 公共卫生间

4.29.1 标准要求

6.3	公共卫生间	优	良	中	差
6.3.1	地面:完整,无破损、无变色、无变形、无污渍、无异味,光亮	3	2	1	0
6.3.2	墙面:平整,无破损、无裂痕、无脱落、无灰尘、无水迹、无蛛网	3	2	1	0
6.3.3	天花板(包括空调排风口):平整,无破损、无裂痕、无脱落、无灰尘、无水迹、无蛛网	3	2	1	0
6.3.4	照明充足、温湿度适宜、通风良好	3	2	1	0
6.3.5	洗手台、恭桶、小便池保持洁净,保养良好,无堵塞、无滴漏	3	2	1	0
6.3.6	梳妆镜完好、无磨损,玻璃明亮,无灰尘、无污渍	3	2	1	0
6.3.7	洗手液、擦手纸充足,干手器完好、有效、方便使用,厕位门锁、挂钩完好、有效	3	2	1	0
6.3.8	残疾人厕位(或专用卫生间):位置合理,空间适宜,方便使用	3	2	1	0

4.29.2　释义

具体要求详见 2.49 相关释义，在此基础上，进一步要求门窗干净，无污迹；厕位隔板表面干净，无乱涂乱画；卫生洁具无污垢、无水渍，表面色泽光亮；上下水道通畅，无滴漏；卫生间内清洁，通风良好，无异味。

4.30　后台区域

4.30.1　标准要求

6.4	后台区域	优	良	中	差
6.4.1	通往后台区域的标志清晰、规范,各区域有完备的门锁管理制度	3	2	1	0
6.4.2	后台区域各通道保持畅通,无杂物堆积	3	2	1	0
6.4.3	地面:无油污、无积水、无杂物,整洁	3	2	1	0
6.4.4	天花板(包括空调排风口):无破损、无裂痕、无脱落、无灰尘、无水迹、无蛛网	3	2	1	0
6.4.5	墙面:平整,无破损、无开裂、无脱落、无污渍、无蛛网	3	2	1	0
6.4.6	各项设备维护保养良好,运行正常,无"跑、冒、滴、漏"现象	3	2	1	0
6.4.7	在醒目位置张贴有关安全、卫生的须知	3	2	1	0
6.4.8	餐具的清洗、消毒、存放符合卫生标准要求,无灰尘、无水渍	3	2	1	0
6.4.9	食品的加工与贮藏严格做到生、熟分开,操作规范	3	2	1	0
6.4.10	有防鼠、蟑螂、蝇类、蚊虫的装置与措施,完好有效	3	2	1	0
6.4.11	各类库房温度、湿度适宜,照明、通风设施完备有效,整洁卫生	3	2	1	0
6.4.12	下水道无堵塞、无油污,保持畅通无阻	3	2	1	0
6.4.13	排烟与通风设备无油污、无灰尘,定期清理	3	2	1	0
6.4.14	垃圾分类收集,日产日清;垃圾房周围保持整洁,无保洁死角	3	2	1	0
6.4.15	员工设施(宿舍、食堂、浴室、更衣室、培训室等)管理规范,设施设备保养良好、整洁卫生	3	2	1	0

4.30.2　释义

后台区域的管理充分体现饭店企业文化建设与管理的深入程度,应引起饭店的高度重视。

员工设施部分详见 2.56 的相关释义。

ICS 03. 200
A12

中华人民共和国国家标准

GB/T 14308—2010
代替 GB/T 14308—2003

旅游饭店星级的划分与评定

Classification & Accreditation for Star-rated Tourist Hotels

2010 - 10 - 18 发布 　　　　　2011 - 01 - 01 实施

中华人民共和国国家质量监督检验检疫总局
中国国家标准化管理委员会
发布

前　言

本标准代替 GB/T 14308—2003 旅游饭店星级的划分与评定。

本标准与 GB/T 14308—2003 相比，主要变化如下：

a) 加了对国家标准 GB/T 16766、GB/T 15566.8 的引用。

b) 更加注重饭店核心产品，弱化配套设施。

c) 将一二三星级饭店定位为有限服务饭店。

d) 突出绿色环保的要求。

e) 强化安全管理要求，将应急预案列入各星级的必备条件。

f) 提高饭店服务质量评价的操作性。

g) 增加例外条款，引导特色经营。

h) 保留白金五星级的概念，其具体标准与评定办法将另行制订。

本标准的附录 A、附录 B、附录 C 均为规范性附录。

本标准由国家旅游局提出。

本标准由全国旅游标准化技术委员会归口。

本标准起草单位：国家旅游局监督管理司。

本标准主要起草人：李任芷、刘士军、余昌国、贺静、鲁凯麟、刘锦宏、徐锦祉、辛涛、张润钢、王建平。

本标准所代替标准的历次版本发布情况为：

——GB/T 14308—1993

——GB/T 14308—1997

——GB/T 14308—2003

饭店星级的划分与评定

1 范围

本标准规定了旅游饭店星级的划分条件、服务质量和运营规范要求。

本标准适用于正式营业的各种旅游饭店。

2 规范性引用文件

下列文件对于本文件的应用是必不可少的。凡是注日期的引用文件，仅注日期的版本适用于本文件，凡是不注日期的引用文件，其最新版本（包括所有的修改单）适用于本文件。

GB/T 16766 旅游业基础术语

GB/T 10001.1 标志用公共信息图形符号 第 1 部分：通用符号。

GB/T 10001.2 标志用公共信息图形符号 第 2 部分：旅游设施与服务符号。

GB/T 10001.4 标志用公共信息图形符号 第 4 部分：运动健身符号。

GB/T 10001.9 标志用公共信息图形符号 第 9 部分：无障碍设施符号。

GB/T 15566.8 公共信息导向系统 设置原则与要求 第 8 部分：宾馆和饭店。

3 术语和定义

下列术语和定义适用于本标准。

旅游饭店 tourist hotel。

以间（套）夜为时间单位出租客房，以住宿服务为主，并提供商务、会议、休闲、度假等相应服务的住宿设施，按不同习惯可能也被称为宾馆、酒店、旅馆、旅社、宾舍、度假村、俱乐部、大厦、中心等。

4 星级划分及标志

4.1 用星的数量和颜色表示旅游饭店的星级。旅游饭店星级分为五个级别，即一星级、二星级、三星级、四星级、五星级（含白金五星级）。最低为一星级，最高为五星级。星级越高，表示饭店的等级越高（为方便行文，"星级旅游饭店"简称为"星级饭店"）。

4.2 星级标志由长城与五角星图案构成，用一颗五角星表示一星级，两颗五角星表示二星级，三颗五角星表示三星级，四颗五角星表示四星级，五颗五角星表示五星级，五颗白金五角星表示白金五星级。

5 总则

5.1 星级饭店的建筑、附属设施设备、服务项目和运行管理应符合国家现行的安全、消防、卫生、环境保护、劳动合同等有关法律、法规和标准的规定与要求。

5.2 各星级划分的基本条件见附录 A，各星级饭店应逐项达标。

5.3 星级饭店设备设施的位置、结构、数量、面积、功能、材质、设计、装饰等评价标准见附录 B。

5.4 星级饭店的服务质量、清洁卫生、维护保养等评价标准见附录 C。

5.5 一星级、二星级、三星级饭店是有限服务饭店，评定星级时应对饭店住宿产品进行重点评价；四星级和五星级（含白金五星级）饭店是完全服务饭店，评定星级时应对饭店产品进行全面评价。

5.6 倡导绿色设计、清洁生产、节能减排、绿色消费的理念。

5.7 星级饭店应增强突发事件应急处置能力，突发事件处置的应急预案应作为各星级饭店的必备条件。评定星级后，如饭店营运中发生重大安全责任事故，所属星级将被立即取消，相应星级标志不能继续使用。

5.8 评定星级时不应因为某一区域所有权或经营权的分离，或因为建筑物的分隔而区别对待，饭店内所有区域应达到同一星级的质量标准和管理要求。

5.9 饭店开业一年后可申请评定星级，经相应星级评定机构评定后，星级标志使用有效期为三年。三年期满后应进行重新评定。

6 各星级划分条件

6.1 必备条件。

6.1.1 必备项目检查表规定了各星级饭店应具备的硬件设施和服务项目。评定检查时，逐项打"√"。确认达标后，再进入后续打分程序。

6.1.2 一星级必备项目见表 A.1，二星级必备项目见表 A.2，三星级必备项目见表 A.3，四星级必备项目见表 A.4，五星级必备项目见表 A.5。

6.2 设施设备。

6.2.1 设施设备的要求见附录 B。总分 600 分。

6.2.2 一星级、二星级饭店不作要求，三星级、四星级、五星级饭店规定最低得分线：三星级 220 分，四星级 320 分，五星级 420 分。

6.3 饭店运营质量。

6.3.1 饭店运营质量的要求见附录 C。总分 600 分。

6.3.2 饭店运营质量的评价内容分为总体要求、前厅、客房、餐饮、其他、公共及后台区域等 6 个大项。评分时按"优"、"良"、"中"、"差"打分，并计算得分率。公式为：得分率 = 该项实际得分/该项标准总分 ×100%。

6.3.3 一星级、二星级饭店不作要求。三星级、四星级、五星级饭店规定最低得分率：三星级 70%，四星级 80%，五星级 85%。

6.3.4 如饭店不具备表 C.1 中带"＊"的项目，统计得分率时应在分母中去掉该项分值。

7 服务质量总体要求

7.1 服务基本原则。

7.1.1 对宾客礼貌、热情、亲切、友好，一视同仁。

7.1.2 密切关注并尽量满足宾客的需求，高效率地完成对客服务。

7.1.3 遵守国家法律法规，保护宾客的合法权益。

7.1.4 尊重宾客的信仰与风俗习惯，不损害民族尊严。

7.2 服务基本要求。

7.2.1 员工仪容仪表应达到：

a）遵守饭店的仪容仪表规范，端庄、大方、整洁；

b）着工装、佩戴工牌上岗；

c）服务过程中表情自然、亲切，热情适度，提倡微笑服务。

7.2.2　员工言行举止应达到：

a）语言文明、简洁、清晰，符合礼仪规范；

b）站、坐、行姿符合各岗位的规范与要求，主动服务，有职业风范；

c）以协调适宜的自然语言和身体语言对客服务，使宾客感到尊重、舒适；

d）对宾客提出的问题应予耐心解释，不推诿和应付。

7.2.3　员工业务能力与技能应达到掌握相应的业务知识和服务技能，并能熟练运用。

8　管理要求

8.1　应有员工手册。

8.2　应有饭店组织机构图和部门组织机构图。

8.3　应有完善的规章制度、服务标准、管理规范和操作程序。一项完整的饭店管理规范包括规范的名称、目的、管理职责、项目运作规程（具体包括执行层级、管理对象、方式与频率、管理工作内容）、管理分工、管理程序与考核指标等项目。各项管理规范应适时更新，并保留更新记录。

8.4　应有完善的部门化运作规范。包括管理人员岗位工作说明书、管理人员工作关系表、管理人员工作项目核检表，专门的质量管理文件、工作用表和质量管理记录等内容。

8.5　应有服务和专业技术人员岗位工作说明书，对服务和专业技术人员的岗位要求、任职条件、班次、接受指令与协调渠道、主要工作职责等内容进行书面说明。

8.6　应有服务项目、程序与标准说明书，对每一个服务项目完成的目标、为完成该目标所需要经过的程序，以及各个程序的质量标准进行说明。

8.7　对国家和地方主管部门和强制性标准所要求的特定岗位的技术工作如锅炉、强弱电、消防、食品加工与制作等，应有相应的工作技术标准的书面说明，相应岗位的从业人员应知晓并熟练操作。

8.8 应有其他可以证明饭店质量管理水平的证书或文件。

9 安全管理要求

9.1 星级饭店应取得消防等方面的安全许可，确保消防设施的完好和有效运行。

9.2 水、电、气、油、压力容器、管线等设施设备应安全有效运行。

9.3 应严格执行安全管理防控制度，确保安全监控设备的有效运行及人员的责任到位。

9.4 应注重食品加工流程的卫生管理，保证食品安全。

9.5 应制订和完善地震、火灾、食品卫生、公共卫生、治安事件、设施设备突发故障等各项突发事件应急预案。

10 其他

对于以住宿为主营业务，建筑与装修风格独特，拥有独特客户群体，管理和服务特色鲜明，且业内知名度较高的旅游饭店的星级评定，可参照五星级的要求。

附 录 A
（规范性附录）
必备项目检查表

表 A.1 给出了一星级饭店必备项目检查表。

表 A.2 给出了二星级饭店必备项目检查表。

表 A.3 给出了三星级饭店必备项目检查表。

表 A.4 给出了四星级饭店必备项目检查表。

表 A.5 给出了五星级饭店必备项目检查表。

表 A.1　一星级饭店必备项目检查表

序号	项　　目	是否达标
1	一般要求	
1.1	建筑物结构完好,功能布局基本合理,方便宾客在饭店内活动	
1.2	应有适应所在地气候的采暖、制冷设备,各区域通风良好	
1.3	各种指示用和服务用文字应至少用规范的中文及第二种文字同时表示,导向系统的设置和公共信息图形符号应符合 GB/T 15566.8 和 GB/T 10001.1、GB/T 10001.2、GB/T 10001.4、GB/T 10001.9 的规定	
1.4	应有至少 15 间(套)可供出租的客房	
1.5	员工应具备基本礼仪礼节,穿着整齐清洁,可用普通话提供服务,效率较高	
1.6	设施设备应定期维护保养,保持安全、整洁、卫生和有效	
1.7	应有突发事件处置的应急预案	
1.8	应有与本星级相适应的节能减排方案,并付诸实施	
2	设施	
2.1	设总服务台,并提供客房价目表及城市所在地的旅游交通图等相关资料	
2.2	客房内应有卫生间或提供方便宾客使用的公共卫生间,客房卫生间及公共卫生间均采取必要防滑措施	
2.3	应 24 小时供应冷水,每日固定时段供应热水,并有明确提示	
2.4	客房内应有清洁舒适的床和配套家具	
2.5	客房照明充足,有遮光效果较好的窗帘	
2.6	客房内应备有服务指南、住宿须知等	
2.7	客房门安全有效,门锁应为暗锁,有防盗装置,客房内应在显著位置张贴应急疏散图及相关说明	

续表

序号	项　　目	是否达标
2.8	公共区域应有男女分设的公共卫生间	
2.9	应有公共电话	
2.10	应有应急照明设施	
3	服务	
3.1	应至少18小时提供接待、问询、结账服务	
3.2	晚间应有安保人员驻店值班	
3.3	应提供贵重物品保管及小件行李寄存服务	
3.4	客房、卫生间应每天全面整理一次，隔日或应宾客要求更换床单、被套及枕套，并做到每客必换	
3.5	客房内应提供热饮用水	
3.6	应为残障人士提供必要的服务	
	总体是否达标结论	

表A.2　二星级饭店必备项目检查表

序号	项　　目	是否达标
1	一般要求	
1.1	建筑物结构良好，功能布局基本合理，方便宾客在饭店内活动	
1.2	应有适应所在地气候的采暖、制冷设备，各区域通风良好	
1.3	各种指示用和服务用文字应至少用规范的中文及第二种文字同时表示，导向系统的设置和公共信息图形符号应符合GB/T 15566.8和GB/T 10001.1、GB/T 10001.2、GB/T 10001.4、GB/T 10001.9的规定	
1.4	应有至少20间(套)可供出租的客房	
1.5	应提供回车线或停车场，5层以上(含5层)的楼房有客用电梯	
1.6	员工应具备基本礼仪礼节，穿着整齐清洁，可用普通话提供服务，效率较高	
1.7	设施设备应定期维护保养，保持安全、整洁、卫生和有效	
1.8	应有突发事件处置的应急预案	
1.9	应有与本星级相适应的节能减排方案，并付诸实施	
2	设施	
2.1	应有与饭店规模相适应的总服务台，位置合理，提供客房价目表及城市所在地的旅游交通图、旅游介绍等相关资料	
2.2	应有就餐区域，提供桌、椅等配套设施，照明充足，通风良好	
2.3	客房内应有清洁舒适的床，以及桌、椅、床头柜等配套家具	
2.4	至少50%的客房内应有卫生间，或每一楼层提供数量充足、男女分设、方便使用的公共盥洗间。客房卫生间及公共盥洗间均采取有效的防滑措施	
2.5	应24小时供应冷水，至少12小时供应热水	
2.6	客房应有适当装修，照明充足，有遮光效果较好的窗帘。有防噪声及隔音措施	
2.7	客房内应配备电话、彩色电视机等设施，且使用效果良好	
2.8	设有两种以上规格的电源插座	

序号	项　　目	是否达标
2.9	客房内应备有服务指南、住宿须知等资料	
2.10	客房门安全有效,门锁应为暗锁,有防盗装置,客房内应在显著位置张贴应急疏散图及相关说明	
2.11	公共区域应有男女分设的公共卫生间	
2.12	应有公用电话	
2.13	应有应急照明设施	
2.14	公共区域应有适当装修,墙面整洁、光线充足。紧急出口标志清楚,位置合理,无障碍物	
2.15	门厅及主要公共区域应有残疾人出入坡道	
3	服务	
3.1	应有管理或安保人员24小时在岗值班	
3.2	应24小时提供接待、问询、结账和留言等服务	
3.3	应提供贵重物品保管及小件行李寄存服务	
3.4	客房、卫生间应每天全面整理一次,隔日或应宾客要求更换床单、被套及枕套,并做到每客必换	
3.5	客房内应提供热饮用水	
3.6	应提供早餐服务	
3.7	应为残障人士提供必要的服务	
	总体是否达标结论	

表 A.3　三星级饭店必备项目检查表

序号	项　　目	是否达标
1	一般要求	
1.1	应有较高标准的建筑物结构,功能布局较为合理,方便宾客在饭店内活动	
1.2	应有空调设施,各区域通风良好,温、湿度适宜	
1.3	各种指示用和服务用文字应至少用规范的中英文同时表示。导向标志清晰、实用、美观,导向系统的设置和公共信息图形符号应符合 GB/T 15566.8 和 GB/T 10001.1、GB/T 10001.2、GB/T 10001.4、GB/T 10001.9 的规定	
1.4	应有计算机管理系统	
1.5	应有至少30间(套)可供出租的客房,应有单人间、套房等不同规格的房间配置	
1.6	应提供回车线,并有一定泊位数量的停车场。4层(含4层)以上的建筑物有足够的客用电梯	
1.7	设施设备定期维护保养,保持安全、整洁、卫生和有效	
1.8	员工应着工装,训练有素,用普通话提供服务。前台员工具备基本外语会话能力	
1.9	应有突发事件(突发事件应包括火灾、自然灾害、饭店建筑物和设备设施事故、公共卫生和伤亡事件、社会治安事件等)处置的应急预案,有年度实施计划,并定期演练	
1.10	应有与本星级相适应的节能减排方案,并付诸实施	
1.11	应定期开展员工培训	
2	设施	

序号	项　目	是否达标
2.1	应有与接待规模相适应的前厅和总服务台,装修美观。提供饭店服务项目资料、客房价目等信息,提供所在地旅游交通、旅游资源、主要交通工具时刻等资料,提供相关的报刊	
2.2	客房装修良好、美观,应有软垫床、梳妆台或写字台、衣橱及衣架、坐椅,或简易沙发、床头柜及行李架等配套家具。电器开关方便宾客使用	
2.3	客房内满铺地毯、木地板或其他较高档材料	
2.4	客房内应有卫生间,装有抽水恭桶、梳妆台(配备面盆、梳妆镜和必要的盥洗用品)、浴缸或淋浴间。采取有效的防滑、防溅水措施,通风良好。采用较高级建筑材料装修地面、墙面和天花板,色调柔和,目的物照明效果良好。有良好的排风设施,温、湿度与客房适宜。有不间断电源插座。24小时供应冷、热水	
2.5	客房门安全有效,应设门窥镜及防盗装置,客房内应在显著位置张贴应急疏散图及相关说明	
2.6	客房内应有遮光和防噪声措施	
2.7	客房内应配备电话、彩色电视机,且使用效果良好	
2.8	应有两种以上规格的电源插座,位置方便宾客使用,可提供插座转换器	
2.9	客房内应有与本星级相适应的文具用品,备有服务指南、住宿须知、所在地旅游景点介绍和旅游交通图等,提供书报刊	
2.10	床上用棉织品(床单、枕芯、枕套、被芯、被套及床衬垫等)及卫生间针织用品(浴衣、浴巾、毛巾等)材质良好、柔软舒适	
2.11	客房内应提供互联网接入服务,并有使用说明	
2.12	客房内应备有擦鞋用具	
2.13	应有与饭店规模相适应的独立餐厅,配有符合卫生标准和管理规范的厨房	
2.14	公共区域应设宾客休息场所	
2.15	应有男女分设、间隔式公共卫生间	
2.16	应有公共电话	
2.17	应有应急供电设施和应急照明设施	
2.18	走廊地面应满铺地毯或与整体氛围相协调的其他材料,墙面整洁,有适当装修,光线充足。紧急出口标志清楚,位置合理,无障碍物	
2.19	门厅及主要公共区域应有残疾人出入坡道,配备轮椅	
3	服务	
3.1	应有管理及安保人员24小时在岗值班	
3.2	应24小时提供接待、问询、结账和留言服务。提供总账单结账服务、信用卡结算服务。应提供客房预订服务	
3.3	应设门卫应接及行李服务人员,有专用行李车,应宾客要求提供行李服务。应提供贵重物品保管及小件行李寄存服务,并专设寄存处	
3.4	应为宾客办理传真、复印、打字、国际长途电话等商务服务,并代发信件	
3.5	应提供代客预订和安排出租汽车服务	
3.6	客房、卫生间应每天全面整理一次,每日或应宾客要求更换床单、被套及枕套,客用品补充齐全	
3.7	应提供留言和叫醒服务。可应宾客要求提供洗衣服务	
3.8	客房内应24小时提供热饮用水,免费提供茶叶或咖啡	

序号	项　目	是否达标
3.9	应提供早、中、晚餐服务	
3.10	应提供与饭店接待能力相适应的宴会或会议服务	
3.11	应为残障人士提供必要的服务	
	总体是否达标结论	

表 A.4　四星级饭店必备项目检查表

序号	项　目	是否达标
1	饭店总体要求	
1.1	建筑物外观和建筑结构有特色。饭店空间布局合理,方便宾客在饭店内活动	
1.2	内外装修应采用高档材料,符合环保要求,工艺精致,整体氛围协调	
1.3	各种指示用和服务用文字应至少用规范的中英文同时表示。导向标志清晰、实用、美观,导向系统的设置和公共信息图形符号应符合 GB/T 15566.8 和 GB/T 10001.1、GB/T 10001.2、GB/T 10001.4、GB/T 10001.9 的规定	
1.4	应有中央空调(别墅式度假饭店除外),各区域通风良好	
1.5	应有运行有效的计算机管理系统。主要营业区均有终端,有效提供服务	
1.6	应有公共音响转播系统,背景音乐曲目、音量适宜,音质良好	
1.7	设施设备应维护保养良好,无噪声,安全完好、整洁、卫生和有效	
1.8	应具备健全的管理规范、服务规范与操作标准	
1.9	员工应着工装,体现岗位特色	
1.10	员工训练有素,能用普通话和英语提供服务,必要时可用第二种外国语提供服务	
1.11	应有突发事件(突发事件应包括火灾、自然灾害、饭店建筑物和设备设施事故、公共卫生和伤亡事件、社会治安事件等)处置的应急预案,有年度实施计划,并定期演练	
1.12	应有与本星级相适应的节能减排方案,并付诸实施	
1.13	应有系统的员工培训规划和制度,有员工培训设施	
2	前厅	
2.1	区位功能划分合理	
2.2	整体装修精致,有整体风格、色调协调、光线充足	
2.3	总服务台,位置合理,接待人员应 24 小时提供接待、问询和结账服务。并能提供留言、总账单结账、国内和国际信用卡结算及外币兑换等服务	
2.4	应专设行李寄存处,配有饭店与宾客同时开启的贵重物品保险箱;保险箱位置安全、隐蔽,能够保护宾客的隐私	
2.5	应提供饭店基本情况、客房价目等信息,提供所在地旅游资源、当地旅游交通及全国旅游交通信息,并在总台能提供中英文所在地交通图、与住店宾客相适应的报刊	
2.6	在非经营区应设宾客休息场所	
2.7	门厅及主要公共区域应有符合标准的残疾人出入坡道,配备轮椅,有残疾人专用卫生间或厕位,为残障人士提供必要的服务	
2.8	应 24 小时接受包括电话、传真或网络等渠道的客房预订	
2.9	应有门卫应接服务人员,18 小时迎送宾客	
2.10	应有专职行李员,配有专用行李车,18 小时提供行李服务,提供小件行李寄存服务	

序号	项　　目	是否达标
2.11	应提供代客预订和安排出租汽车服务	
2.12	应有相关人员处理宾客关系	
2.13	应有管理人员 24 小时在岗值班	
3	客房	
3.1	应有至少 40 间(套)可供出租的客房	
3.2	70% 客房的面积(不含卫生间)应不小于 20m²	
3.3	应有标准间(大床房、双床房),有两种以上规格的套房(包括至少 3 个开间的豪华套房),套房布局合理	
3.4	装修高档。应有舒适的软垫床,配有写字台、衣橱及衣架、茶几、坐椅,或沙发、床头柜、全身镜、行李架等家具,布局合理。所有电器开关方便宾客使用。室内满铺高级地毯,或优质木地板或其他高级材料。采用区域照明,且目的物照明效果良好	
3.5	客房门能自动闭合,应有门窥镜、门铃及防盗装置。客房内应在显著位置张贴应急疏散图及相关说明	
3.6	客房内应有装修良好的卫生间。有抽水恭桶、梳妆台(配备面盆、梳妆镜和必要的盥洗用品),有浴缸或淋浴间,配有浴帘或其他防溅设施。采取有效的防滑措施。采用高档建筑材料装修地面、墙面和天花板,色调高雅柔和。采用分区照明且目的物照明效果良好。有良好的低噪声排风设施,温、湿度与客房适宜。有 110/220V 不间断电源插座、电话副机。配有吹风机。24 小时供应冷、热水,水龙头冷热标志清晰。所有设施设备均方便宾客使用	
3.7	客房内应有饭店专用电话机,可以直接拨通或使用预付费电信卡拨打国际、国内长途电话,并备有电话使用说明和所在地主要电话指南	
3.8	应有彩色电视机,画面和音质良好。播放频道不少于 16 个,备有频道目录	
3.9	应有防噪声及隔音措施,效果良好	
3.10	应有内窗帘及外层遮光窗帘,遮光效果良好	
3.11	应有至少两种规格的电源插座,电源插座应有两个以上供宾客使用的插位,位置合理,并可提供插座转换器	
3.12	应有与本星级相适应的文具用品。配有服务指南、住宿须知、所在地旅游资源信息和旅游交通图等。可提供与住店宾客相适应的书报刊	
3.13	床上用棉织品(床单、枕芯、枕套、被芯、被套及床衬垫等)及卫生间针织用品(浴巾、浴衣、毛巾等)材质较好、柔软舒适	
3.14	客房、卫生间应每天全面整理一次,每日或应宾客要求更换床单、被套及枕套,客用品和消耗品补充齐全,并应宾客要求随时进房清理	
3.15	应提供互联网接入服务,并备有使用说明,使用方便	
3.16	应提供开夜床服务,放置晚安致意品	
3.17	应提供客房微型酒吧服务,至少 50% 的房间配备小冰箱,提供适量酒和饮料,并备有饮用器具和价目单。免费提供茶叶或咖啡。提供冷热饮用水,可应宾客要求提供冰块	
3.18	应提供客衣干洗、湿洗、熨烫服务,可在 24 小时内交还宾客。可提供加急服务	
3.19	应 18 小时提供送餐服务。有送餐菜单和饮料单,送餐菜式品种不少于 8 种,饮料品种不少于 4 种,甜食品种不少于 4 种,有可挂置门外的送餐牌	

序号	项 目	是否达标
3.20	应提供留言及叫醒服务	
3.21	应提供宾客在房间会客服务,可应宾客要求及时提供加椅和茶水服务	
3.22	客房内应备有擦鞋用具,并提供擦鞋服务	
4	餐厅及吧室	
4.1	应有布局合理、装饰设计格调一致的中餐厅	
4.2	应有位置合理、格调优雅的咖啡厅(或简易西餐厅)。提供品质较高的自助早餐	
4.3	应有宴会单间或小宴会厅。提供宴会服务	
4.4	应有专门的酒吧或茶室	
4.5	餐具应按中外习惯成套配置,无破损、光洁、卫生	
4.6	菜单及饮品单应装帧精致、完整清洁,出菜率不低于90%	
5	厨房	
5.1	位置合理、布局科学,传菜路线不与非餐饮公共区域交叉	
5.2	厨房与餐厅之间,采取有效的隔音、隔热和隔气味措施。进出门自动闭合	
5.3	墙面满铺瓷砖,用防滑材料满铺地面,有地槽	
5.4	冷菜间、面点间独立分隔,有足够的冷气设备。冷菜间内有空气消毒设施和二次更衣设施	
5.5	粗加工间与其他操作间隔离,各操作间温度适宜,冷气供给充足	
5.6	应有必要的冷藏、冷冻设施,生熟食品及半成食品分柜置放,有干货仓库	
5.7	洗碗间位置合理,配有洗碗和消毒设施	
5.8	应有专门放置临时垃圾的设施并保持其封闭,排污设施(地槽、抽油烟机和排风口等)保持清洁通畅	
5.9	采取有效的消杀蚊蝇、蟑螂等虫害措施	
5.10	应有食品留样送检机制	
6	会议和康体设施	
6.1	应有至少两种规格的会议设施,配备相应设施并提供专业服务	
6.2	应有康体设施,布局合理,提供相应的服务	
7	公共区域	
7.1	饭店室外环境整洁美观	
7.2	饭店后台设施完备、导向清晰、维护良好	
7.3	应有回车线,并有足够泊位的停车场。提供相应的服务	
7.4	3层以上(含3层)建筑物应有数量充足的高质量客用电梯,轿厢装修高雅。配有服务电梯	
7.5	主要公共区域应有男女分设的间隔式公共卫生间,环境良好	
7.6	应有商品部,出售旅行日常用品、旅游纪念品等	
7.7	应有商务中心,可提供传真、复印、国际长途电话、打字等服务,有可供宾客使用的电脑,并可提供代发信件、手机充电等服务	
7.8	提供或代办市内观光服务	
7.9	应有公用电话	

续表

序号	项　　目	是否达标
7.10	应有应急照明设施和有应急供电系统	
7.11	主要公共区域有闭路电视监控系统	
7.12	走廊及电梯厅地面应满铺地毯或其他高档材料,墙面整洁,有装修装饰,温度适宜、通风良好、光线适宜。紧急出口标志清楚醒目,位置合理,无障碍物。有符合规范的逃生通道、安全避难场所	
7.13	应有必要的员工生活和活动设施	
	总体是否达标检查表	

表 A.5　五星级饭店必备项目检查表

序号	项　　目	是否达标
1	总体要求	
1.1	建筑物外观和建筑结构应具有鲜明的豪华饭店的品质。饭店空间布局合理,方便宾客在饭店内活动	
1.2	内外装修应采用高档材料,符合环保要求,工艺精致,整体氛围协调,风格突出	
1.3	各种指示用和服务用文字应至少用规范的中英文同时表示。导向标志清晰、实用、美观,导向系统的设置和公共信息图形符号应符合 GB/T 15566.8 和 GB/T 10001.1、GB/T 10001.2、GB/T 10001.4、GB/T 10001.9 的规定	
1.4	应有中央空调(别墅式度假饭店除外),各区域空气质量良好	
1.5	应有运行有效的计算机管理系统,前后台联网,有饭店独立的官方网站或者互联网主页,并能够提供网络预订服务	
1.6	应有公共音响转播系统。背景音乐曲目、音量与所在区域和时间段相适应,音质良好	
1.7	设施设备应维护保养良好,无噪声,安全完好、整洁、卫生和有效	
1.8	应具备健全的管理规范、服务规范及操作标准	
1.9	员工应着工装,工装专业设计,材质良好、做工精致	
1.10	员工训练有素,能用普通话和英语提供服务,必要时可用第二种外国语提供服务	
1.11	应有与本星级相适应的节能减排方案,并付诸实施	
1.12	应有突发事件(突发事件应包括火灾、自然灾害、饭店建筑物和设备设施事故、公共卫生和伤亡事件、社会治安事件等)处置的应急预案,有年度实施计划,并定期演练	
1.13	应有系统的员工培训规划和制度,应有专门的教材、专职培训师及专用员工训练教室	
2	前厅	
2.1	功能划分合理,空间效果良好	
2.2	装饰设计有整体风格,色调协调,光线充足,整体视觉效果和谐	
2.3	总服务台位置合理,接待人员应24小时提供接待、问询和结账等服务。并能提供留言、总账单结账、国内和国际信用卡结算、外币兑换等服务	
2.4	应专设行李寄存处,配有饭店与宾客同时开启的贵重物品保险箱;保险箱位置安全、隐蔽,能够保护宾客的隐私	

续表

序号	项　　　目	是否达标
2.5	应提供饭店基本情况、客房价目等信息,提供所在地旅游资源、当地旅游交通及全国旅游交通的信息,并在总台能提供中英文所在地交通图、与住店宾客相适应的报刊	
2.6	在非经营区应设宾客休息场所	
2.7	门厅及主要公共区域应有符合标准的残疾人出入坡道,配备轮椅,有残疾人专用卫生间或厕位,为残障人士提供必要的服务	
2.8	应 24 小时接受包括电话、传真或网络等渠道的客房预订	
2.9	应有专职的门卫应接服务人员,18 小时迎送宾客	
2.10	应有专职行李员,配有专用行李车,24 小时提供行李服务,提供小件行李寄存服务	
2.11	应提供代客预订和安排出租汽车服务	
2.12	应有专职人员处理宾客关系,18 小时在岗服务	
2.13	应提供礼宾服务	
2.14	应有管理人员 24 小时在岗值班	
3	客房	
3.1	应有至少 50 间(套)可供出租的客房	
3.2	70% 客房的面积(不含卫生间和门廊)应不小于 $20m^2$	
3.3	应有标准间(大床房、双床房)、残疾人客房,两种以上规格的套房(包括至少 4 个开间的豪华套房),套房布局合理	
3.4	装修豪华,具有良好的整体氛围。应有舒适的床垫及配套用品。写字台、衣橱及衣架、茶几、坐椅或沙发、床头柜等家具配套齐全、布置合理、使用便利。所有电器开关方便宾客使用。室内满铺高级地毯,或用优质木地板或其他高档材料装饰。采用区域照明,目的物照明效果良好	
3.5	客房门能自动闭合,应有门窥镜、门铃及防盗装置。客房内应在显著位置张贴应急疏散图及相关说明	
3.6	客房内应有装修精致的卫生间。有高级抽水恭桶、梳妆台(配备面盆、梳妆镜和必要的盥洗用品)、浴缸,并带淋浴喷头(另有单独淋浴间的可以不带淋浴喷头),配有浴帘或其他有效的防溅设施。采取有效的防滑措施。采用豪华建筑材料装修地面、墙面和天花板,色调高雅柔和。采用分区照明且目的物照明效果良好。有良好的无明显噪声的排风设施,温、湿度与客房无明显差异。有 110/220V 不间断电源插座、电话副机。配有吹风机。24 小时供应冷、热水,水龙头冷热标志清晰。所有设施设备均方便宾客使用	
3.7	客房内应有饭店专用电话机,使用方便。可以直接拨通或使用预付费电信卡拨打国际、国内长途电话,并备有电话使用说明和所在地主要电话指南	
3.8	应有彩色电视机,画面和音质优良。播放频道不少于 24 个,频道顺序有编辑,备有频道目录	
3.9	应有背景音乐,音质良好,曲目适宜,音量可调	
3.10	应有防噪声及隔音措施,效果良好	
3.11	应有纱帘及遮光窗帘,遮光效果良好	

序号	项 目	是否达标
3.12	应有至少两种规格的电源插座,电源插座应有两个以上供宾客使用的插位,位置方便宾客使用,并可提供插座转换器	
3.13	应有与本星级相适应的文具用品。配有服务指南、住宿须知、所在地旅游景点介绍和旅游交通图等。提供与住店宾客相适应的报刊	
3.14	床上用棉织品(床单、枕芯、枕套、被芯、被套及床衬垫等)及卫生间针织用品(浴巾、浴衣、毛巾等)材质高档、工艺讲究、柔软舒适。可应宾客要求提供多种规格的枕头	
3.15	客房、卫生间应每天全面清理一次,每日或应宾客要求更换床单、被套及枕套,客用品和消耗品补充齐全,并应宾客要求随时进房清理	
3.16	应提供互联网接入服务,并备有使用说明,使用方便	
3.17	应提供开夜床服务,夜床服务效果良好	
3.18	应提供客房微型酒吧(包括小冰箱)服务,配置适量与住店宾客相适应的酒和饮料,备有饮用器具和价目单。免费提供茶叶或咖啡。提供冷热饮用水,可应宾客要求提供冰块	
3.19	应提供客衣干洗、湿洗、熨烫服务,可在 24 小时内交还宾客,可提供加急服务	
3.20	应 24 小时提供送餐服务。有送餐菜单和饮料单,送餐菜式品种不少于 8 种,饮料品种不少于 4 种,甜食品种不少于 4 种,有可挂置门外的送餐牌,送餐车应有保温设备	
3.21	应提供自动和人工叫醒、留言及语音信箱服务,服务效果良好	
3.22	应提供宾客在房间会客服务,应宾客的要求及时提供加椅和茶水服务	
3.23	客房内应备有擦鞋用具,并提供擦鞋服务	
4	餐厅及吧室	
4.1	各餐厅布局合理、环境优雅、空气清新,不串味,温度适宜	
4.2	应有装饰豪华、氛围浓郁的中餐厅	
4.3	应有装饰豪华、格调高雅的西餐厅(或外国特色餐厅)或风格独特的风味餐厅,均配有专门厨房	
4.4	应有位置合理、独具特色、格调高雅的咖啡厅,提供品质良好的自助早餐、西式正餐。咖啡厅(或有一餐厅)营业时间不少于 18 小时	
4.5	应有 3 个以上宴会单间或小宴会厅。提供宴会服务,效果良好	
4.6	应有专门的酒吧或茶室	
4.7	餐具应按中外习惯成套配置,材质高档,工艺精致,有特色,无破损磨痕,光洁、卫生	
4.8	菜单及饮品单应装帧精美、完整清洁,出菜率不低于 90%	
5	厨房	
5.1	位置合理、布局科学,传菜路线不与非餐饮公共区域交叉	
5.2	厨房与餐厅之间,采取有效的隔音、隔热和隔味的措施。进出门分开并能自动闭合	
5.3	墙面满铺瓷砖,用防滑材料满铺地面,有地槽	
5.4	冷菜间、面点间独立分隔,有足够的冷气设备。冷菜间内有空气消毒设施	
5.5	冷菜间有二次更衣场所及设施	
5.6	粗加工间与其他操作间隔离,各操作间温度适宜,冷气供应充足	

序号	项　　目	是否达标
5.7	洗碗间位置合理(紧临厨房与餐厅出入口),配有洗碗和消毒设施	
5.8	有必要的冷藏、冷冻设施,生熟食品及半成食品分柜置放。有干货仓库	
5.9	有专门放置临时垃圾的设施并保持其封闭,排污设施(地槽、抽油烟机和排风口等)保持畅通清洁	
5.10	采取有效的消杀蚊蝇、蟑螂等虫害措施	
5.11	应有食品化验室或留样送检机制	
6	会议康乐设施	
6.1	应有两种以上规格的会议设施,有多功能厅,配备相应的设施并提供专业服务	
6.2	应有康体设施,布局合理,提供相应的服务	
7	公共区域	
7.1	饭店室外环境整洁美观,绿色植物维护良好	
7.2	饭店后台区域设施完好、卫生整洁、维护良好,前后台的衔接合理,通往后台的标志清晰	
7.3	应有清晰可辨的回车线,并有与规模相适应泊位的停车场,有残疾人停车位,停车场环境效果良好,提供必要的服务	
7.4	3层以上(含3层)建筑物应有数量充足的高质量客用电梯,轿厢装饰高雅,速度合理,通风良好;另备有数量、位置合理的服务电梯	
7.5	各公共区域均应有男女分设的间隔式公共卫生间,环境优良,通风良好	
7.6	应有商品部,出售旅行日常用品、旅游纪念品等	
7.7	应有商务中心,可提供传真、复印、国际长途电话、打字等服务,有可供宾客使用的电脑,并可提供代发信件、手机充电等服务	
7.8	提供或代办市内观光服务	
7.9	应有公用电话,并配有便签	
7.10	应有应急照明设施和应急供电系统	
7.11	主要公共区域有闭路电视监控系统	
7.12	走廊及电梯厅地面应满铺地毯或其他高档材料,墙面整洁,有装修装饰,温度适宜、通风良好、光线适宜。紧急出口标志清楚醒目,位置合理,无障碍物。有符合规范的逃生通道、安全避难场所	
7.13	应有充足的员工生活和活动设施	
	总体是否达标结论	

附　录　B

（规范性附录）
设施设备评分表

表 B.1 给出了设施设备评分表。

表 B.1　设施设备评分表

序　号	设施设备评分表	各大项总　分	各分项总　分	各次分项总　分	各小项总　分	计分	记分栏
1	地理位置、周围环境、建筑结构及功能布局	30					
1.1	地理位置及周围环境		8				
1.1.1	地理位置			3			
	位于城市中心或商务区,旅游景区或度假区,机场、火车站、长途汽车站、码头等交通便利地带,可进入性好				3		
	靠近城市中心或商务区,旅游景区或度假区,机场、火车站、长途汽车站、码头,可进入性较好				2		
	可进入性一般				1		
1.1.2	周围环境(饭店建筑红线内)			5			
	花园(独立于饭店主体建筑的绿化场地,面积较大,有观赏景物或建筑小品,花木保养得当,环境整洁)				5		
	庭院(附属于饭店主体建筑,有一定的绿化和景观,可供散步、休闲,环境整洁)				3		
1.2	停车场(包括地下停车场、停车楼)		5				
1.2.1	停车位数量			4			
	自备停车场,车位不少于40%客房数				4		
	自备停车场,车位不少于15%客房数				3		
	在饭店周围200m内可以停放汽车,车位不少于15%客房数				2		
	有回车线				1		
1.2.2	合理利用空间,有地下停车场(停车楼)等			1			
1.3	建筑结构及功能布局		17				

序　号	设施设备评分表	各大项 总　分	各分项 总　分	各次分项 总　分	各小项 总　分	计分	记分栏
1.3.1	前厅部位功能设施位置恰当、分隔合理,方便宾客使用(酌情给 1～3 分)			3			
1.3.2	餐饮部位功能设施位置恰当、分隔合理,方便宾客使用(酌情给 1～3 分)			3			
1.3.3	客房部位功能设施位置恰当、分隔合理,方便宾客使用(酌情给 1～3 分)			3			
1.3.4	康乐及会议部位功能设施位置恰当、分隔合理,方便宾客使用(酌情给 1～3 分)			3			
1.3.5	饭店建筑历史悠久,为文物保护单位			5			
	全国重点文物保护单位,建立并实施严格的文物保护措施				5		
	省级文物保护单位,建立并实施相应的文物保护措施				3		
	市、县级文物保护单位				1		
1.3.6	饭店配套设施不在主体建筑内又没有封闭通道相连(度假型饭店除外)			−5			
2	共用系统	52					
2.1	智能化管理系统		8				
2.1.1	结构化综合布线系统			2			
2.1.2	先进、有效的火灾报警与消防联动控制系统(含点报警、面报警、消防疏散广播等)			3			
2.1.3	先进的楼宇自动控制系统(新风/空调监控、供配电与照明监控、给排水系统监控等)			3			
2.2	信息管理系统		9				
2.2.1	覆盖范围			4			
	全面覆盖前后台,数据关联的饭店专用管理信息系统(前台管理系统、餐厅管理系统、财务管理系统、收益分析系统、人事管理系统、工程管理系统、库房管理系统、采购管理系统等数据流自动化处理并关联)				4		
	前后台均有独立的管理信息系统				2		
	只覆盖前台对客服务部门				1		
2.2.2	采取确保饭店信息安全的有效措施			2			
2.2.3	系统供应商			3			
	行业主流供应商,系统先进,运行稳定				3		

续表

序 号	设施设备评分表	各大项总 分	各分项总分	各次分项总 分	各小项总 分	计分	记分栏
	非主流供应商					1	
2.3	互联网		8				
2.3.1	覆盖范围			6			
	所有的客房配有互联网接口（有线、无线均可）					2	
	所有的会议室均有互联网接口（有线、无线均可）					2	
	所有的大堂区域均有无线网络覆盖					1	
	咖啡厅和大堂酒吧提供有线互联网接口（或有无线网络覆盖）					1	
2.3.2	应用			2			
	有独立网站,具有实时网上预订功能(非第三方订房网站)					2	
	在互联网上有饭店的独立网页和电子邮件地址					1	
2.4	空调系统		5				
	四管制中央空调系统					5	
	两管制中央空调系统					3	
	无中央空调系统,但客房、餐厅及公共区域采用窗式、分体式或柜式空调					1	
2.5	应急供电		6				
2.5.1	自备发电设施					3	
2.5.2	应急供电系统(指两路以上供电)					2	
2.5.3	应急照明设施					1	
2.6	移动电话信号覆盖所有客房及公共区域		2				
2.7	节能措施与环境管理		14				
2.7.1	有建筑节能设计（如自然采光、新型墙体材料、环保装饰材料等）			2			
2.7.2	采用有新能源的设计与运用（如太阳能、生物能、风能、地热等）			2			
2.7.3	采用环保设备和用品(使用溴化锂吸收式等环保型冷水机组、使用无磷洗衣粉、使用环保型冰箱、不使用哈龙灭火器等)			2			
2.7.4	采用节能产品(如节能灯、感应式灯光、水龙头控制等),采取节能及环境保护的有效措施(客房内环保提示牌,不以野生保护动物为食品原料等)			2			

序　号	设施设备评分表	各大项总　分	各分项总　分	各次分项总　分	各小项总　分	计分	记分栏
2.7.5	有中水处理系统			2			
2.7.6	有污水、废气处理设施			2			
2.7.7	垃圾房			2			
	有垃圾房及相应管理制度,并有湿垃圾干处理装置				2		
	有垃圾房及相应管理制度				1		
3	前厅	62					
3.1	地面装饰		8				
	采用高档花岗岩、大理石或其他高档材料(材质高档、色泽均匀、拼接整齐、工艺精致、装饰性强,与整体氛围相协调)				8		
	采用优质花岗岩、大理石或其他材料(材质良好,工艺较好)				6		
	采用普通花岗岩、大理石或其他材料(材质一般,有色差)				4		
	采用普通材料(普通木地板、地砖等)				2		
3.2	墙面装饰		6				
	采用高档花岗岩、大理石或其他高档材料(材质高档、色泽均匀、拼接整齐、工艺精致、装饰性强,与整体氛围相协调)				6		
	采用优质木材或高档墙纸(布)(立面有线条变化,高档墙纸包括丝质及其他天然原料墙纸)				4		
	采用普通花岗岩、大理石或木材				2		
	采用墙纸或喷涂材料				1		
3.3	天花板		5				
	工艺精致、造型别致,与整体氛围相协调				5		
	工艺较好,格调一般				3		
	有一定装饰				1		
3.4	艺术装饰		2				
	有壁画或浮雕或其他艺术品装饰				2		
	有简单艺术装饰				1		
3.5	家具(台,沙发等)		5				
	设计专业、材质高档、工艺精致,摆设合理、使用方便、舒适				5		

序　号	设施设备评分表	各大项总分	各分项总分	各次分项总分	各小项总分	计分	记分栏
	材质较好,工艺较好					3	
	材质普通,工艺一般					1	
3.6	灯具与照明		5				
	照明设计有专业性,采用高档定制灯具,功能照明、重点照明、氛围照明和谐统一					5	
	采用高档灯具,照明整体效果较好					3	
	采用普通灯具,照明效果一般					1	
3.7	整体装饰效果		4				
	色调协调,氛围浓郁,有中心艺术品,感观效果突出					4	
	有艺术品装饰,工艺较好,氛围一般					2	
	有一定的装饰品					1	
3.8	公共卫生间		9				
3.8.1	位置合理(大堂应设置公共卫生间,且与大堂在同一楼层)			2			
3.8.2	材料、装修和洁具(对所有公共卫生间分别打分,取算术平均值的整数部分)			3			
	设计专业(洁具、灯光、冷热水、照明、通风、空调等),采用高档装修材料,装修工艺精致,采用高级洁具					3	
	采用较高档装修材料,装修工艺较好,采用较好洁具					2	
	采用普通装修材料,装修工艺一般,采用普通洁具					1	
3.8.3	残疾人卫生间			2			
	有残疾人专用卫生间					2	
	有残疾人专用厕位					1	
3.8.4	公共卫生间设施(少一项,扣1分)						
	抽水恭桶						
	卫生纸						
	污物桶						
	半身镜						
	洗手盆						
	洗手液或香皂						
	烘手机或擦手纸						
3.8.5	每个抽水恭桶都有单独的隔间,隔间的门有插销,所有隔间都配置衣帽钩			1			

序　号	设施设备评分表	各大项总　分	各分项总　分	各次分项总　分	各小项总　分	计分	记分栏
3.8.6	每两个男用小便器中间有隔板,使用自动冲水装置			1			
3.9	客用电梯		10				
3.9.1	数量			2			
	不少于平均每70间客房一部客用电梯					2	
	不少于平均每100间客房一部客用电梯					1	
3.9.2	性能优良、运行平稳、梯速合理			2			
3.9.3	内饰与设备			4			
3.9.3.1	有一定装饰、照明充足				0.5		
3.9.3.2	有饭店主要设施楼层指示				0.5		
3.9.3.3	有扶手杆				0.5		
3.9.3.4	有通风系统				0.5		
3.9.3.5	与外界联系的对讲功能				0.5		
3.9.3.6	有残疾人专用按键				0.5		
3.9.3.7	轿厢两侧均有按键				0.5		
3.9.3.8	有抵达行政楼层或豪华套房楼层的专用控制措施				0.5		
3.9.4	有观光电梯			1			
3.9.5	有自动扶梯			1			
3.10	贵重物品保险箱		2				
3.10.1	数量不少于客房数量的8%,不少于两种规格			1			
3.10.2	位置隐蔽、安全,能保护宾客隐私			1			
3.11	前厅整体舒适度		6				
3.11.1	绿色植物、花卉摆放得体,插花有艺术感,令宾客感到自然舒适			2			
3.11.2	光线、温度适宜			2			
3.11.3	背景音乐曲目适宜、音质良好、音量适中,与前厅整体氛围协调			2			
3.11.4	异味,烟尘,噪声,强风(扣分,每项扣1分)			−4			
3.11.5	置于前厅明显位置的商店、摊点影响整体氛围			−4			
4	客房	191					
4.1	普通客房(4.1~4.10 均针对普通客房打分)		26				

序　号	设施设备评分表	各大项总　分	各分项总　分	各次分项总　分	各小项总　分	计分	记分栏
4.1.1	70%客房的净面积(不包括卫生间和门廊)			16			
	不小于36m²					16	
	不小于30m²					12	
	不小于24m²					8	
	不小于20m²					6	
	不小于16m²					4	
	不小于14m²					2	
4.1.2	净高度			4			
	不低于3m					4	
	不低于2.7m					2	
4.1.3	软床垫(长度不小于1.9m),宽度			6			
4.1.3.1	单人床				3		
	不小于1.35m					3	
	不小于1.2m					2	
	不小于1.1m					1	
4.1.3.2	双人床				3		
	不小于2.2m					3	
	不小于2.0m					2	
	不小于1.8m					1	
4.2	装修与装饰		11				
4.2.1	地面			3			
	采用优质地毯或木地板,工艺精致					3	
	采用高档地砖、普通地毯或木地板,工艺较好					2	
	采用普通地砖或水磨石地面,工艺一般					1	
4.2.2	墙面			2			
	采用高级墙纸或其他优质材料,有艺术品装饰					2	
	采用普通涂料或墙纸					1	
4.2.3	天花板有装饰			2			
4.2.4	整体装饰效果			4			
	工艺精致、色调协调、格调高雅					4	
	工艺较好,格调统一					2	
	工艺一般					1	

续表

序　号	设施设备评分表	各大项总　分	各分项总　分	各次分项总　分	各小项总　分	计分	记分栏
4.3	家具		7				
4.3.1	档次			4			
	设计专业、材质高档、工艺精致、摆设合理，使用方便、舒适				4		
	材质较好，工艺较好				2		
	材质普通，工艺一般				1		
4.3.2	衣橱			3			
	步入式衣物储藏间				3		
	进深不小于 55cm，宽度不小于 110cm				2		
	进深不小于 45cm，宽度不小于 90cm				1		
4.4	灯具和照明		11				
4.4.1	灯具配备			9			
4.4.1.1	主光源（顶灯或槽灯）				1		
4.4.1.2	门廊照明灯				1		
4.4.1.3	床头照明灯				1		
4.4.1.4	写字台照明灯				1		
4.4.1.5	衣柜照明灯				1		
4.4.1.6	行李柜照明灯				1		
4.4.1.7	小酒吧照明灯				1		
4.4.1.8	装饰物照明灯				1		
4.4.1.9	夜灯				1		
4.4.2	灯光控制			2			
	各灯具开关位置合理，床头有房间灯光"一键式"总控制开关，标志清晰，方便使用				2		
	各灯具开关位置合理，方便使用				1		
4.5	彩色电视机		6				
4.5.1	类型与尺寸			3			
	平板电视，不小于 25 英寸				3		
	普通电视，不小于 25 英寸				2		
	普通电视，不小于 21 英寸				1		
4.5.2	频道和节目			2			
	卫星、有线闭路电视节目不少于 30 套				1		
	外语频道或外语节目不少于 3 套				1		
4.5.3	有电视频道指示说明及电视节目单			1			
4.6	客房电话		5				

序　号	设施设备评分表	各大项总　分	各分项总　分	各次分项总　　分	各小项总　分	计分	记分栏
4.6.1	程控电话机,有直拨国际、国内长途功能			1			
4.6.2	有语音信箱及留言指示灯			1			
4.6.3	电话机上有饭店常用电话号码和使用说明			1			
4.6.4	附设写字台电话(双线制)			1			
4.6.5	配备本地电话簿			1			
4.7	微型酒吧(包括小冰箱)		5				
4.7.1	数量			3			
	100%的客房有微型酒吧(包括小冰箱)				3		
	不少于50%的客房有微型酒吧(包括小冰箱)				1		
4.7.2	提供适量饮品和食品,并配备相应的饮具			1			
4.7.3	100%以上客房配备静音、节能、环保型小冰箱			1			
4.8	客房便利设施及用品		12				
4.8.1	电热水壶			1			
4.8.2	熨斗和熨衣板			1			
4.8.3	西装衣撑			1			
4.8.4	每房不少于4个西服衣架、2个裤架和2个裙架			1			
4.8.5	不间断电源插座(国际通用制式)不少于两处,并有明确标志,方便使用			1			
4.8.6	吹风机			1			
4.8.7	浴衣(每客1件)			1			
4.8.8	备用被毯(每床1条)			1			
4.8.9	咖啡(含伴侣、糖),配相应杯具			1			
4.8.10	环保或纸制礼品袋(每房2个)			1			
4.8.11	针线包			1			
4.8.12	文具(含铅笔、橡皮、曲别针等)			1			
4.9	客房必备物品(少一项,扣1分)						
	服务指南(含欢迎词、饭店各项服务简介)						
	笔						
	信封(每房不少于2个)						
	信纸(每房不少于4张)						
	免费茶叶						
	暖水瓶(有电热水壶可不备)						

续表

序 号	设施设备评分表	各大项总分	各分项总分	各次分项总分	各小项总分	计分	记分栏
	凉水瓶(或免费矿泉水)						
	擦鞋用具(每房2份)						
	"请勿打扰"、"请清理房间"挂牌或指示灯						
	垃圾桶						
	根据不同床型配备相应数量的枕芯、枕套、床单、毛毯或棉被						
4.10	客房卫生间	50					
4.10.1	70%的客房卫生间面积			8			
	不小于8m²				8		
	不小于6m²				6		
	不小于5m²				4		
	不小于4m²				2		
	小于4m²				1		
4.10.2	卫生间装修			6			
	专业设计,全部采用高档材料装修(优质大理石、花岗岩等),工艺精致,采用统一风格的高级品牌卫浴设施				6		
	采用高档材料装修,工艺较好				4		
	采用普通材料装修,工艺一般				2		
4.10.3	卫生间设施布局			4			
	不少于50%的客房卫生间淋浴、浴缸、恭桶分隔				4		
	不少于50%的客房卫生间淋浴和浴缸分隔				3		
	不少于50%的客房卫生间有浴缸				1		
4.10.4	面盆及五金件			2			
	高档面盆及配套五金件				2		
	普通面盆及五金件				1		
4.10.5	浴缸及淋浴			12			
4.10.5.1	浴缸和淋浴间均有单独照明,分区域照明充足				1		
4.10.5.2	完全打开热水龙头,水温在15秒内上升到46℃~51℃,水温稳定				1		
4.10.5.3	水流充足(水压为0.2~0.35MPa)、水质良好				1		

序　号	设施设备评分表	各大项总　分	各分项总　分	各次分项总　　　分	各小项总　分	计分	记分栏
4.10.5.4	淋浴间下水保持通畅,不外溢				1		
4.10.5.5	浴缸				3		
	高档浴缸(配带淋浴喷头)及配套五金件					3	
	普通浴缸(配带淋浴喷头)或只有淋浴间					1	
4.10.5.6	所有浴缸上方安装扶手,符合安全规定				1		
4.10.5.7	淋浴喷头的水流可以调节				1		
4.10.5.8	淋浴有水流定温功能				1		
4.10.5.9	配备热带雨林喷头				1		
4.10.5.10	浴缸及淋浴间配有防滑设施(或有防滑功能)				1		
4.10.6	恭桶			3			
	高档节水恭桶					3	
	普通节水恭桶					1	
4.10.7	其他			15			
4.10.7.1	饮用水系统				2		
4.10.7.2	梳妆镜				2		
	防雾梳妆镜					2	
	普通梳妆镜					1	
4.10.7.3	化妆放大镜				1		
4.10.7.4	面巾纸				1		
4.10.7.5	110/220V 不间断电源插座(低电流)				1		
4.10.7.6	晾衣绳				1		
4.10.7.7	呼救按钮或有呼救功能的电话				1		
4.10.7.8	连接客房电视的音响装置				1		
4.10.7.9	体重秤				1		
4.10.7.10	电话副机(方便宾客取用)				1		
4.10.7.11	浴室里挂钩不少于1处,方便使用				1		
4.10.7.12	浴帘或其他防溅设施				1		
4.10.7.13	浴巾架				1		
4.10.8	卫生间客用必备品(少一项,扣1分)						
4.10.8.1	漱口杯(每房2个)						
4.10.8.2	浴巾(每房2条)						
4.10.8.3	地巾						
4.10.8.4	面巾(每房2条)						
4.10.8.5	卫生袋						

序　号	设施设备评分表	各大项总　分	各分项总　分	各次分项总　　分	各小项总　分	计分	记分栏
4.10.8.6	卫生纸						
4.10.8.7	垃圾桶						
4.11	套房		14				
4.11.1	数量			3			
	不少于客房总数的20%（不包括连通房）				3		
	不少于客房总数的10%（不包括连通房）				2		
	不少于客房总数的5%（不包括连通房）				1		
4.11.2	规格			6			
4.11.2.1	至少有三种规格的套房				2		
4.11.2.2	有豪华套房				4		
	至少有卧室2间，会客室、餐厅、书房各1间（卫生间3间）					4	
	至少有卧室2间，会客室1间，餐厅或书房各1间（卫生间3间）					2	
4.11.3	套房卫生间			5			
4.11.3.1	有供主人和来访宾客分别使用的卫生间				2		
4.11.3.2	有由卧室和客厅分别直接进入的卫生间（双门卫生间）				1		
4.11.3.3	有音响装置				1		
4.11.3.4	配有电视机				1		
4.12	有残疾人客房，配备相应的残障设施		2				
4.13	设无烟楼层		2				
4.14	客房舒适度		35				
4.14.1	布草			15			
4.14.1.1	床单、被套、枕套的纱支规格				6		
	不低于80×60支纱					6	
	不低于60×40支纱					3	
	不低于40×40支纱					1	
4.14.1.2	床单、被套、枕套的含棉量为100%				1		
4.14.1.3	毛巾（含浴巾、面巾、地巾、方巾等）的纱支规格				2		
	32支纱（或螺旋16支），含棉量为100%					2	
	不低于16支纱					1	
4.14.1.4	毛巾（含浴巾、面巾、地巾、方巾等）规格（一个规格不达标扣0.5分，扣满2分以上，降低一档）				6		

序　号	设施设备评分表	各大项总　分	各分项总　分	各次分项总　　分	各小项总　分	计分	记分栏
	浴巾:不小于 1400mm × 800mm,重量不低于 750g;面巾:不小于 750mm × 350mm,重量不低于 180g;地巾:不小于 800mm × 500mm,重量不低于 450g;方巾:不小于 320mm ×320mm,重量不低于 55g					6	
	浴巾:不小于 1300mm × 700mm,重量不低于 500g;面巾:不小于 600mm × 300mm,重量不低于 120g;地巾:不小于 700mm × 400mm,重量不低于 320g;方巾:不小于 300mm ×300mm,重量不低于 45g					3	
	浴巾:不小于 1200mm × 600mm,重量不低于 400g;面巾:不小于 550mm × 300mm,重量不低于 110g;地巾:不小于 650mm × 350mm,重量不低于 280g					1	
4.14.2	床垫硬度适中、无变形,可提供 3 种以上不同类型的枕头			2			
4.14.3	温度			3			
4.14.3.1	室内温度可调节				2		
4.14.3.2	公共区域与客房区域温差不超过 5℃				1		
4.14.4	相对湿度:冬季为 50% ～ 55%,夏季为 45% ~50%			2			
4.14.5	客房门、墙、窗、天花板、卫生间采取隔音措施,效果良好			2			
	客房隔音效果差,或部分客房靠近高噪声设施(如歌舞厅、保龄球场、洗衣房等),影响宾客休息					-4	
4.14.6	窗帘与客房整体设计匹配,有纱帘,方便开闭,密闭遮光效果良好			2			
4.14.7	照明效果			3			
	专业设计,功能照明、重点照明、氛围照明和谐统一					3	
	有目的物照明光源,满足不同区域的照明需求					2	
	照明效果一般					1	
4.14.8	客用品方便取用,插座、开关位置合理,方便使用			2			

序　号	设施设备评分表	各大项总　分	各分项总分	各次分项总　分	各小项总　分	计分	记分栏
4.14.9	艺术品、装饰品搭配协调,布置雅致;家具、电器、灯饰档次匹配,色调和谐			2			
4.14.10	电视机和背景音乐系统的音、画质良好,节目及音量调节方便有效			2			
4.15	客房走廊及电梯厅		5				
4.15.1	走廊宽度不少于1.8m,高度不低于2.3m			1			
4.15.2	光线适宜			1			
4.15.3	通风良好,温度适宜			1			
4.15.4	客房门牌标志醒目,制作精良			1			
4.15.5	管道井、消防设施的装饰与周边氛围协调			1			
5	餐饮	59					
5.1	餐厅[5.1~5.2对各个餐厅分别打分,然后根据餐厅数量取算术平均值的整数部分]		32				
5.1.1	布局			8			
5.1.1.1	接待区装饰风格(接待台、预订台)与整体氛围协调				1		
5.1.1.2	有宴会单间或小宴会厅				3		
5.1.1.3	靠近厨房,传菜线路不与非餐饮公共区域交叉				2		
5.1.1.4	有酒水台				1		
5.1.1.5	有分区设计,有绿色植物或一定装饰品				1		
5.1.2	装饰			11			
5.1.2.1	地面装饰				4		
	采用优质花岗岩、大理石、地毯、木地板或其他与整体装饰风格相协调的高档材料(材质高档、色泽均匀、拼接整齐、装饰性强,与整体氛围相协调)					4	
	采用普通大理石、地毯、木地板或其他材料(材质一般,有色差,拼接整齐,装饰性较强)					2	
	采用普通材料(普通木地板、地砖等)					1	
5.1.2.2	墙面装饰				4		
	采用优质花岗岩、大理石或其他与整体装饰风格相协调的高档材料(材质高档、色泽均匀、拼接整齐、装饰性强,与整体氛围相协调)					4	

序　号	设施设备评分表	各大项总分	各分项总分	各次分项总分	各小项总分	计分	记分栏
	采用优质木材或高档墙纸(布)(立面有线条变化,高档墙纸包括丝质及其他天然原料墙纸)					3	
	采用普通花岗岩、大理石、木材					2	
	采用普通墙纸或喷涂材料					1	
5.1.2.3	天花板				3		
	工艺精致,造型别致,格调高雅					3	
	工艺较好,格调一般					2	
	有一定装饰					1	
5.1.3	家具			3			
	设计专业、材质高档、工艺精致、摆设合理,使用方便、舒适					3	
	材质较好,工艺较好					2	
	材质普通,工艺一般					1	
5.1.4	灯具与照明			3			
	照明设计有专业性,采用高档定制灯具,功能照明、重点照明、氛围照明和谐统一					3	
	采用高档灯具,照明整体效果较好					2	
	采用普通灯具,照明效果一般					1	
5.1.5	餐具			3			
	高档材质,工艺精致,有一定的艺术性,与整体氛围协调					3	
	较好材质与工艺					2	
	一般材质与工艺					1	
5.1.6	菜单及酒水单			3			
	用中文、英文及相应外文印制,有独立酒水单,装帧精美,出菜率不低于90%					3	
	用中英文印刷,装帧较好,出菜率不低于90%					2	
	有中文菜单,保持完整、清洁					1	
5.1.7	不使用一次性筷子和一次性湿毛巾,不使用塑料桌布			1			
5.2	厨房		12				
5.2.1	应有与餐厅经营面积和菜式相适应的厨房区域(含粗细加工间、面点间、冷菜间、冻库等)			2			

序　号	设施设备评分表	各大项总　分	各分项总　分	各次分项总　　分	各小项总　分	计分	记分栏
5.2.2	为某特定类型餐厅配有专门厨房(每个1分,最多2分)			2			
5.2.3	位置合理、布局科学,传菜路线不与非餐饮公共区域交叉			2			
5.2.4	冷、热制作间分隔			1			
5.2.5	配备与厨房相适应的保鲜和冷冻设施,生熟分开			1			
5.2.6	粗细加工间分隔			1			
5.2.7	洗碗间位置合理			1			
5.2.8	厨房与餐厅间采用有效的隔音、隔热、隔味措施			1			
5.2.9	厨房内、灶台上采取有效的通风、排烟措施			1			
5.3	酒吧、茶室及其他吧室		7				
5.3.1	装修与装饰(包含台、家具、餐具、饮具等)			4			
	专业设计,材质高档、工艺精致,氛围协调,呈现一定主题				4		
	较好材质与工艺				2		
	普通材质与工艺				1		
5.3.2	氛围			3			
	环境高雅、独特,装饰及灯光设计有专业性				3		
	氛围较好				2		
	氛围一般				1		
5.4	餐饮区域整体舒适度		8				
5.4.1	整体设计有专业性,格调高雅,色调协调,有艺术感			2			
5.4.2	温、湿度适宜,通风良好,无炊烟及烟酒异味			2			
5.4.3	专业设计照明,环境舒适,无噪声。背景音乐曲目、音量适宜,音质良好			2			
5.4.4	餐具按各菜式习惯配套齐全,无破损、无水迹			2			
5.4.5	任一餐厅(包括宴会厅)与其厨房不在同一楼层			-2			
6	安全设施	16					
6.1	客房安全设施		8				
6.1.1	电子卡门锁或其他高级门锁			2			

续表

序　号	设施设备评分表	各大项总　分	各分项总　分	各次分项总　　分	各小项总　分	计分	记分栏
6.1.2	客房门有自动闭合功能			1			
6.1.3	贵重物品保险箱			3			
6.1.3.1	位置隐蔽,照明良好,方便使用				1		
6.1.3.2	数量				2		
	100％的客房配备					2	
	不少于50％的客房配备					1	
6.1.4	客房配备逃生电筒,使用有效			1			
6.1.5	客房配备与宾客人数相等的防毒面具			1			
6.2	公共区域		6				
6.2.1	有安保人员24小时值班、巡逻			2			
6.2.2	闭路电视监控			2			
	覆盖饭店所有公共区域。画面清晰,定期保存监控资料(以当地有关部门规定为准)				2		
	电梯、大堂、走廊、停车场出入口等主要公共区域有闭路电视监控				1		
6.2.3	通往后台区域有明显提示,有安全可靠的钥匙管理制度			1			
6.2.4	各通道显著位置设有紧急出口标志			1			
6.3	食品安全		2				
	设食品留样化验室,并有相应管理制度				2		
	设食品留样柜				1		
7	员工设施	7					
7.1	有独立的员工食堂		1				
7.2	有独立的更衣间		1				
7.3	有员工浴室		1				
7.4	有倒班宿舍		1				
7.5	有员工专用培训教室,配置必要的教学仪器和设备		1				
7.6	有员工活动室		1				
7.7	有员工电梯(或服务电梯)		1				
8	特色类别	183					
8.1	商务会议型旅游饭店设施		70				
8.1.1	行政楼层			14			
8.1.1.1	专设接待台,可办理入住、离店手续,并提供问询、留言等服务				1		

序　号	设施设备评分表	各大项总　分	各分项总　分	各次分项总　分	各小项总　分	计分	记分栏
8.1.1.2	提供电脑上网、复印、传真等服务				1		
8.1.1.3	有小会议室或洽谈室				1		
8.1.1.4	有餐饮区域(行政酒廊,提供早餐、欢乐时光、下午茶),面积与行政楼层客房数相匹配,应设置备餐间				4		
8.1.1.5	设阅览、休息区域				1		
8.1.1.6	可提供管家式服务				2		
8.1.1.7	设公共卫生间				1		
8.1.1.8	行政楼层的客房				3		
8.1.1.8.1	客用品配置高于普通楼层客房					2	
8.1.1.8.2	附设写字台电话,且有"一键式"呼叫管家服务按钮					1	
8.1.2	大宴会厅或多功能厅(应配有与服务面积相匹配的厨房)			23			
8.1.2.1	面积(面积计算以固定隔断为准,序厅面积达不到要求,减1分)				6		
	无柱,不小于800m²,且序厅不小于250m²					6	
	不小于500m²,且序厅不小于150m²					4	
	不小于240m²,且序厅不小于70m²					2	
8.1.2.2	净高度				3		
	不低于6m					3	
	不低于5m					2	
	不低于3.5m					1	
8.1.2.3	设专用入口				1		
8.1.2.4	设专用通道(楼梯、自动扶梯等)				1		
8.1.2.5	装修与装饰				4		
	专业设计、材质高档、工艺精致、氛围协调					4	
	材质高档,工艺较好					2	
	材质一般,工艺一般					1	
8.1.2.6	音响效果良好,隔音效果良好				1		
8.1.2.7	通风良好,温度适宜				1		
8.1.2.8	配设衣帽间				1		
8.1.2.9	灯光				3		
	专业设计,可营造不同氛围					3	
	灯光分区控制,亮度可调节					2	

序 号	设施设备评分表	各大项总 分	各分项总 分	各次分项总 分	各小项总 分	计分	记分栏
	灯光分区控制					1	
8.1.2.10	设贵宾休息室,位置合理,并有专用通道进入大宴会厅				2		
8.1.3	会议厅			12			
8.1.3.1	面积(如有多个会议厅,可以累计得分,但总分不超过 8 分)				4		
	不小于 400m²					4	
	不小于 300m²					3	
	不小于 200m²					2	
8.1.3.2	有坐席固定的会议厅				2		
8.1.3.3	小会议室(至少容纳 8 人开会)				3		
	不少于 4 个					3	
	不少于 2 个					1	
8.1.3.4	通风良好,温度适宜				1		
8.1.3.5	灯光分区控制,亮度可调节,遮光效果良好				1		
8.1.3.6	隔音效果良好				1		
8.1.4	会议设施			4			
8.1.4.1	同声传译功能设置(设备可租借)				1		
8.1.4.2	电视电话会议功能设置(设备可租借)				1		
8.1.4.3	多媒体演讲系统(电脑、即席发言麦克风、投影仪、屏幕等)				1		
8.1.4.4	各会议室音响效果良好				1		
8.1.5	展览厅(布展面积)			8			
	至少 5000m²,层高不低于 10m					8	
	至少 2000m²,层高不低于 7m					4	
8.1.6	商务中心			9			
8.1.6.1	位置合理,方便宾客使用				1		
8.1.6.2	配备完整的办公设施(包括复印机、打印机、传真机、装订机、手机充电器等),提供秘书服务、报刊杂志				2		
8.1.6.3	装修与装饰				3		
	专业设计、材质高档、工艺精致,与整体氛围协调,与饭店规模及档次匹配					3	
	材质较好,工艺较好					2	
	材质一般,工艺一般					1	

序　号	设施设备评分表	各大项总　分	各分项总分	各次分项总　分	各小项总　分	计分	记分栏
8.1.6.4	有洽谈室(或出租式办公室)				2		
8.1.6.5	有相对独立区域,提供可连接互联网的电脑				1		
8.2	休闲度假型旅游饭店设施		65				
8.2.1	温泉浴场			5			
	自用温泉浴场(饭店同一业主投资经营)				5		
	邻近温泉浴场(1km 以内)				2		
8.2.2	海滨浴场			5			
	自用海滨浴场或有租用 5 年以上合同(饭店同一业主投资经营)				5		
	邻近海滨浴场(1km 以内)				2		
8.2.3	滑雪场			5			
	自用滑雪场(饭店同一业主投资经营)				5		
	邻近滑雪场(5km 以内)				2		
8.2.4	高尔夫球场			5			
	18 洞以上的自用高尔夫球场(饭店同一业主投资经营)				5		
	邻近 18 洞以上的高尔夫球场(5km 以内)				2		
8.2.5	客房阳台			2			
	不少于 50% 的客房有阳台				2		
	不少于 30% 的客房有阳台				1		
8.2.6	除必备要求外,有多种风味餐厅			5			
	风味餐厅数量不少于 3 个				5		
	风味餐厅数量不少于 2 个				3		
8.2.7	游泳池			10			
8.2.7.1	室内游泳池面积				3		
	不小于 250m²				3		
	不小于 150m²				2		
	不小于 80m²				1		
8.2.7.2	室外游泳池面积				2		
	不小于 300m²				2		
	不小于 150m²				1		
8.2.7.3	有池水循环过滤系统				1		
8.2.7.4	有消毒池				1		
8.2.7.5	有戏水池				1		

序　号	设施设备评分表	各大项总　分	各分项总　分	各次分项总　分	各小项总　分	计分	记分栏
8.2.7.6	有水深、水温和水质的明显指示标志(立式或墙上)				1		
8.2.7.7	有扶手杆,在明显位置悬挂救生设备;有安全说明,并有专人负责现场安全与指导;有应急照明设施				1		
8.2.8	桑拿浴			2			
8.2.8.1	男女分设				1		
8.2.8.2	有呼叫按钮和安全提示				1		
8.2.9	蒸汽浴			2			
8.2.9.1	男女分设				1		
8.2.9.2	有呼叫按钮和安全提示				1		
8.2.10	专业保健理疗			1			
8.2.11	水疗			7			
8.2.11.1	装修装饰				3		
	专业灯光、音响设计,装修材质高档、工艺精致、氛围浓郁					3	
	装修材料普通,装修工艺一般					1	
8.2.11.2	配有专业水疗技师				2		
8.2.11.3	专业水疗用品商店				1		
8.2.11.4	有室外水疗设施				1		
8.2.12	壁球室(每个1分,最多2分)			2			
8.2.13	室内网球场(每个2分,最多4分)			4			
8.2.14	室外网球场(每个1分,最多2分)			2			
8.2.15	室外高尔夫练习场			2			
8.2.16	室内电子模拟高尔夫			1			
8.2.17	有儿童活动场所和设施,并有专人看护			1			
8.2.18	其他运动娱乐休闲项目(每类1分,最多4分)			4			
8.3	其他		48				
8.3.1	健身房			18			
8.3.1.1	布局合理、通风良好、照明良好(与客房区域相对隔离)				2		
8.3.1.2	自然采光,光线充足				2		
8.3.1.3	装修装饰				3		
	专业设计,装修材质高档、工艺精致,氛围营造突出					3	

序 号	设施设备评分表	各大项总 分	各分项总 分	各次分项总 分	各小项总 分	计分	记分栏
	装修材质较好,工艺较好					2	
	装修材料普通,工艺一般					1	
8.3.1.4	面积				4		
	不小于200m²					4	
	不小于100m²					2	
	不小于50m²					1	
8.3.1.5	器械				2		
	专业健身器械,不少于10种					2	
	不少于5种					1	
8.3.1.6	有音像设施和器械使用说明				1		
8.3.1.7	有专用形体房,并开设一定形体课程				2		
8.3.1.8	配备专业健身教练,提供专业指导				2		
8.3.2	更衣室			7			
8.3.2.1	面积和数量				2		
	面积宽敞,更衣箱数量不少于客房总数的15%,门锁可靠					2	
	面积宽敞,更衣箱数量不少于客房总数的10%,门锁可靠					1	
8.3.2.2	配备数量适当的坐椅				1		
8.3.2.3	有淋浴设施,并有洗浴、洗发用品				2		
8.3.2.4	有化妆台,并备有吹风机和护肤、美发用品				1		
8.3.2.5	有太阳浴设备				1		
8.3.3	专用团队宾客接待台			1			
8.3.4	团队宾客专用出入口			1			
8.3.5	美容美发室			1			
8.3.6	歌舞厅、演艺厅或KTV			2			
8.3.7	影剧场,舞台设施和舞台照明系统能满足一般演出需要			2			
8.3.8	定期歌舞表演			1			
8.3.9	专卖店或商场(对于度假型饭店,应提供当地特色产品或食品)			2			
8.3.10	旅游信息电子查询系统			1			
8.3.11	品牌化、集团化程度			2			
	委托专业饭店管理公司管理					2	
	品牌特许经营方式,国内同一品牌加盟店20家以上					1	

续表

序 号	设施设备评分表	各大项总 分	各分项总 分	各次分项总 分	各小项总 分	计分	记分栏
8.3.12	饭店总经理资质			2			
8.3.12.1	总经理连续5年以上担任同星级饭店高级管理职位				1		
8.3.12.2	总经理接受过全国或省级旅游岗位培训指导机构开展的饭店管理专业教育或培训,取得《全国旅游行业岗位职务培训证书》				1		
8.3.13	员工中通过"饭店职业英语等级测试"的人数比率			2			
	通过率20%以上					2	
	通过率15%以上					1	
8.3.14	饭店在前期设计或改造工程的决策中			3			
	采纳相应星级评定机构的意见					3	
	征询相应星级评定机构的意见					1	
8.3.15	在商务会议、度假特色类别中集中选项,得分率超过70%			3			
总 分				600			

附 录 C

（规范性附录）

饭店运营质量评价表

表 C.1 给出了饭店运营质量评价表。

表 C.1　饭店运营质量评价表

序　号	标　　准	评　价			
1. 总体要求					
1.1	管理制度与规范	优	良	中	差
1.1.1	有完备的规章制度	6	4	2	1
1.1.2	有完备的操作程序	6	4	2	1
1.1.3	有完备的服务规范	6	4	2	1
1.1.4	有完备的岗位安全责任制与各类突发事件应急预案,有培训、演练计划和实施记录	6	4	2	1
1.1.5	制定饭店人力资源规划,有明确的考核、激励机制,有系统的员工培训制度和实施记录,企业文化特色鲜明	6	4	2	1
1.1.6	建立能源管理与考核制度,有完备的设备设施运行、巡检与维护记录	6	4	2	1
1.1.7	建立宾客意见收集、反馈和持续改进机制	6	4	2	1
1.2	员工素养	优	良	中	差
1.2.1	仪容仪表得体,着装统一,体现岗位特色;工服整洁、熨烫平整,鞋袜整洁一致;佩戴名牌,着装效果好	6	4	2	1
1.2.2	训练有素、业务熟练,应变能力强,及时满足宾客合理需求	6	4	2	1
1.2.3	各部门组织严密、沟通有效,富有团队精神	6	4	2	1
	小　　计	60			
	实际得分:				
	得分率:(实际得分)/该项总分×100% =				
2. 前厅					
2.1	前厅服务质量				
2.1.1	总机	优	良	中	差
2.1.1.1	在正常情况下,电话铃响 10 秒钟内应答	3	2	1	0
2.1.1.2	接电话时正确问候宾客,同时报出饭店名称,语音清晰,态度亲切	3	2	1	0
2.1.1.3	转接电话准确、及时、无差错(无人接听时,15 秒钟后转回总机)	3	2	1	0

序　号	标　　准	评	价		
2.1.1.4	熟练掌握岗位英语或岗位专业用语	3	2	1	0
2.1.2	预订	优	良	中	差
2.1.2.1	及时接听电话,确认宾客抵离时间,语音清晰,态度亲切	3	2	1	0
2.1.2.2	熟悉饭店各项产品,正确描述房型差异,说明房价及所含内容	3	2	1	0
2.1.2.3	提供预订号码或预订姓名,询问宾客联系方式	3	2	1	0
2.1.2.4	说明饭店入住的有关规定,通话结束前重复确认预订的所有细节,并向宾客致谢	3	2	1	0
2.1.2.5	实时网络预订,界面友好,及时确认	3	2	1	0
2.1.3	入住登记	优	良	中	差
2.1.3.1	主动、友好地问候宾客,热情接待	3	2	1	0
2.1.3.2	与宾客确认离店日期,对话中用姓氏称呼宾客	3	2	1	0
2.1.3.3	询问宾客是否需要贵重物品寄存服务,并解释相关规定	3	2	1	0
2.1.3.4	登记验证,信息上传效率高、准确无差错	3	2	1	0
2.1.3.5	指示客房或电梯方向,或招呼行李员为宾客服务,祝愿宾客入住愉快	3	2	1	0
2.1.4	*行李服务	优	良	中	差
2.1.4.1	正常情况下,有行李服务人员在门口热情友好地问候宾客	3	2	1	0
2.1.4.2	为宾客拉开车门或指引宾客进入饭店	3	2	1	0
2.1.4.3	帮助宾客搬运行李,确认行李件数,轻拿轻放,勤快主动	3	2	1	0
2.1.4.4	及时将行李送入房间,礼貌友好地问候宾客,将行李放在行李架或行李柜上,并向宾客致意	3	2	1	0
2.1.4.5	离店时及时收取行李,协助宾客将行李放入车辆中,并与宾客确认行李件数	3	2	1	0
2.1.5	礼宾、问询服务	优	良	中	差
2.1.5.1	热情友好、乐于助人,及时响应宾客合理需求	3	2	1	0
2.1.5.2	熟悉饭店各项产品,包括客房、餐饮、娱乐等信息	3	2	1	0
2.1.5.3	熟悉饭店周边环境,包括当地特色商品、旅游景点、购物中心、文化设施、餐饮设施等信息;协助安排出租车	3	2	1	0
2.1.5.4	委托代办业务效率高、准确无差错	3	2	1	0
2.1.6	*叫醒服务	优	良	中	差
2.1.6.1	重复宾客的要求,确保信息准确	3	2	1	0
2.1.6.2	有第二遍叫醒,准确、有效地叫醒宾客,人工叫醒电话正确问候宾客	3	2	1	0
2.1.7	结账	优	良	中	差
2.1.7.1	确认宾客的所有消费,提供总账单,条目清晰、正确完整	3	2	1	0
2.1.7.2	效率高,准确无差错	3	2	1	0
2.1.7.3	征求宾客意见,向宾客致谢并邀请宾客再次光临	3	2	1	0
2.2	前厅维护保养与清洁卫生	优	良	中	差
2.2.1	地面:完整,无破损、无变色、无变形、无污渍、无异味,清洁、光亮	3	2	1	0

序　号	标　　准	评　价			
2.2.2	门窗:无破损、无变形、无划痕、无灰尘	3	2	1	0
2.2.3	天花板(包括空调排风口):无破损、无裂痕、无脱落、无灰尘、无水迹、无蛛网、无污渍	3	2	1	0
2.2.4	墙面(柱):平整,无破损、无开裂、无脱落、无污渍、无蛛网	3	2	1	0
2.2.5	电梯:平稳、有效,无障碍、无划痕、无脱落、无灰尘、无污渍	3	2	1	0
2.2.6	家具:稳固、完好,与整体装饰风格相匹配,无变形、无破损、无烫痕、无脱漆、无灰尘、无污渍	3	2	1	0
2.2.7	灯具:完好、有效,与整体装饰风格相匹配,无灰尘、无污渍	3	2	1	0
2.2.8	盆景、花木、艺术品:无枯枝败叶,修剪效果好,无灰尘、无异味、无昆虫,与整体装饰风格相匹配	3	2	1	0
2.2.9	总台及各种设备(贵重物品保险箱、电话、宣传册及册架、垃圾桶、伞架、行李车、指示标志等):有效,无破损、无污渍、无灰尘	3	2	1	0
	小　　计	111			
	实际得分:				
	得分率:(实际得分)/该项总分×100% =				

3. 客房

3.1	客房服务质量				
3.1.1	整理客房服务	优	良	中	差
3.1.1.1	正常情况下,每天14时前清扫客房完毕。如遇"请勿打扰"标志,按相关程序进行处理	3	2	1	0
3.1.1.2	客房与卫生间清扫整洁,无毛发、无灰尘、无污渍	3	2	1	0
3.1.1.3	所有物品已放回原处,所有客用品补充齐全	3	2	1	0
3.1.1.4	应宾客要求更换床单、被套、毛巾、浴巾等	3	2	1	0
3.1.2	*开夜床服务	优	良	中	差
3.1.2.1	正常情况下,每天17~21时提供开夜床服务;如遇"请勿打扰"标志,按相关程序进行处理	3	2	1	0
3.1.2.2	客房与卫生间清扫整洁,无毛发、无灰尘、无污渍	3	2	1	0
3.1.2.3	所有物品已整理整齐,所有客用品补充齐全	3	2	1	0
3.1.2.4	床头灯处于打开状态,遮光窗帘已充分闭合	3	2	1	0
3.1.2.5	床边垫巾和拖鞋放置到位,电视遥控器、洗衣袋等放置方便宾客取用	3	2	1	0
3.1.2.6	床头放置晚安卡或致意品	3	2	1	0
3.1.3	*洗衣服务	优	良	中	差
3.1.3.1	洗衣单上明确相关信息(服务时间、价格、服务电话、送回方式等),配备饭店专用环保洗衣袋	3	2	1	0
3.1.3.2	应宾客要求,及时收集待洗衣物,并仔细检查	3	2	1	0
3.1.3.3	在规定时间内送还衣物,包装、悬挂整齐	3	2	1	0

序　号	标　　准	评　价			
3.1.3.4	所有的衣物已被正确洗涤、熨烫,如果污渍不能被清除,书面告知宾客	3	2	1	0
3.1.4	*微型酒吧	优	良	中	差
3.1.4.1	小冰箱运行状态良好,无明显噪声,清洁无异味	3	2	1	0
3.1.4.2	提供微型酒吧价目表,价目表上的食品、酒水与实际提供的相一致	3	2	1	0
3.1.4.3	食品、酒水摆放整齐,且标签朝外,均在保质期之内	3	2	1	0
3.1.4.4	及时补充微型酒吧上被耗用的物品,应要求及时供应冰块和饮用水	3	2	1	0
3.2	客房维护保养与清洁卫生	优	良	中	差
3.2.1	房门:完好、有效、自动闭合,无破损、无灰尘、无污渍	3	2	1	0
3.2.2	地面:完整,无破损、无变色、无变形、无污渍、无异味	3	2	1	0
3.2.3	窗户、窗帘:玻璃明亮,无破损、无污渍、无脱落、无灰尘	3	2	1	0
3.2.4	墙面:无破损、无裂痕、无脱落、无灰尘、无水迹、无蛛网	3	2	1	0
3.2.5	天花板(包括空调排风口):无破损、无裂痕、无脱落、无灰尘、无水迹、无蛛网、无污渍	3	2	1	0
3.2.6	家具:稳固、完好,无变形、无破损、无烫痕、无脱漆、无灰尘、无污渍	3	2	1	0
3.2.7	灯具:完好、有效,无灰尘、无污渍	3	2	1	0
3.2.8	布草(床单、枕头、被子、毛毯、浴衣等):配置规范、清洁,无灰尘、无毛发、无污渍	3	2	1	0
3.2.9	电器及插座(电视、电话、冰箱等):完好、有效、安全,无灰尘、无污渍	3	2	1	0
3.2.10	客房内印刷品(服务指南、电视节目单、安全出口指示图等):规范、完好、方便取用,字迹图案清晰,无皱折、无涂抹、无灰尘、无污渍	3	2	1	0
3.2.11	绿色植物、艺术品:与整体氛围相协调,完整,无褪色、无脱落、无灰尘、无污渍	3	2	1	0
3.2.12	床头(控制)柜:完好、有效、安全,无灰尘、无污渍	3	2	1	0
3.2.13	贵重物品保险箱:方便使用,完好有效,无灰尘、无污渍	3	2	1	0
3.2.14	客房电话机:完好、有效,无灰尘、无污渍,旁边有便笺和笔	3	2	1	0
3.2.15	卫生间门、锁:安全、有效,无破损、无灰尘、无污渍	3	2	1	0
3.2.16	卫生间地面:平坦,无破损、无灰尘、无污渍、排水畅通	3	2	1	0
3.2.17	卫生间墙壁:平整,无破损、无脱落、无灰尘、无污渍	3	2	1	0
3.2.18	卫生间天花板:无破损、无裂痕、无脱落、无灰尘、无水迹、无蛛网、无污渍	3	2	1	0
3.2.19	面盆、浴缸、淋浴区:洁净,无毛发、无灰尘、无污渍	3	2	1	0
3.2.20	水龙头、淋浴喷头等五金件:无污渍、无滴漏,擦拭光亮	3	2	1	0
3.2.21	恭桶:洁净,无堵塞,噪声低	3	2	1	0
3.2.22	下水:通畅,无明显噪声	3	2	1	0
3.2.23	排风系统:完好,运行时无明显噪声	3	2	1	0
3.2.24	客用品(毛巾、口杯等):摆放规范、方便使用,完好,无灰尘、无污渍	3	2	1	0
	小　计	126			
	实际得分:				
	得分率:(实际得分)/该项总分×100% =				

序　号	标　　　准	评　　价			
	4. 餐饮				
4.1	餐饮服务质量				
4.1.1	自助早餐服务	优	良	中	差
4.1.1.1	在宾客抵达餐厅后,及时接待并引座。正常情况下,宾客就座的餐桌已经布置完毕	3	2	1	0
4.1.1.2	在宾客入座后及时提供咖啡或茶	3	2	1	0
4.1.1.3	所有自助餐食及时补充,适温、适量	3	2	1	0
4.1.1.4	食品和饮品均正确标记说明,标记牌洁净统一	3	2	1	0
4.1.1.5	提供加热过的盘子取用热食,厨师能够提供即时加工服务	3	2	1	0
4.1.1.6	咖啡或茶应宾客要求及时添加,适时更换烟灰缸	3	2	1	0
4.1.1.7	宾客用餐结束后,及时收拾餐具,结账效率高、准确无差错。宾客离开餐厅时,向宾客致谢	3	2	1	0
4.1.1.8	自助早餐食品质量评价	3	2	1	0
4.1.2	正餐服务	优	良	中	差
4.1.2.1	在营业时间,及时接听电话,重复并确认所有预订细节	3	2	1	0
4.1.2.2	在宾客抵达餐厅后,及时接待并引座。正常情况下,宾客就座的餐桌已经布置完毕	3	2	1	0
4.1.2.3	提供菜单和酒水单,熟悉菜品知识,主动推荐特色菜肴,点单时与宾客保持目光交流	3	2	1	0
4.1.2.4	点菜单信息完整(如烹调方法、搭配等),点单完毕后与宾客确认点单内容	3	2	1	0
4.1.2.5	点单完成后,及时上酒水及冷盘(头盘),根据需要适时上热菜(主菜),上菜时主动介绍菜名	3	2	1	0
4.1.2.6	根据不同菜式要求及时更换、调整餐具,确认宾客需要的各种调料,提醒宾客小心餐盘烫手。西餐时,主动提供面包、黄油	3	2	1	0
4.1.2.7	向宾客展示酒瓶,在宾客面前打开酒瓶。西餐时,倒少量酒让主人鉴酒	3	2	1	0
4.1.2.8	红葡萄酒应是常温,白葡萄酒应是冰镇。操作玻璃器皿时,应握杯颈或杯底	3	2	1	0
4.1.2.9	宾客用餐结束后,结账效率高、准确无差错,主动征询宾客意见并致谢	3	2	1	0
4.1.2.10	正餐食品质量评价	3	2	1	0
4.1.3	*酒吧服务(大堂吧、茶室)	优	良	中	差
4.1.3.1	宾客到达后,及时接待,热情友好,提供酒水单,熟悉酒水知识,主动推荐,点单时与宾客保持目光交流	3	2	1	0
4.1.3.2	点单后,使用托盘及时上齐酒水,使用杯垫,主动提供佐酒小吃	3	2	1	0
4.1.3.3	提供的酒水与点单一致,玻璃器皿与饮料合理搭配,各种酒具光亮、洁净、无裂痕、无破损,饮品温度合理	3	2	1	0
4.1.3.4	结账效率高、准确无差错,向宾客致谢	3	2	1	0

序　号	标　　准	评　价			
4.1.4	*送餐服务	优	良	中	差
4.1.4.1	正常情况下,及时接听订餐电话,熟悉送餐菜单内容,重复和确认预订的所有细节,主动告知预计送餐时间	3	2	1	0
4.1.4.2	正常情况下,送餐的标准时间为:事先填写好的早餐卡:预订时间5分钟内;临时订早餐:25分钟内;小吃:25分钟内;中餐或晚餐:40分钟内	3	2	1	0
4.1.4.3	送餐时按门铃或轻轻敲门(未经宾客许可,不得进入客房);礼貌友好地问候宾客;征询宾客托盘或手推车放于何处,为宾客摆台、倒酒水、介绍各种调料	3	2	1	0
4.1.4.4	送餐推车保持清洁,保养良好。推车上桌布清洁、熨烫平整。饮料、食品均盖有防护用具	3	2	1	0
4.1.4.5	送餐推车上摆放鲜花瓶。口布清洁、熨烫平整、无污渍。盐瓶、胡椒瓶及其他调味品盛器洁净,装满	3	2	1	0
4.1.4.6	送餐完毕,告知餐具回收程序(如果提供回收卡,视同已告知),向宾客致意,祝愿宾客用餐愉快	3	2	1	0
4.1.4.7	送餐服务食品质量评价	3	2	1	0
4.2	餐饮区域维护保养与清洁卫生	优	良	中	差
4.2.1	餐台(包括自助餐台):稳固、美观、整洁	3	2	1	0
4.2.2	地面:完整、无破损、无变色、无变形、无污渍、无异味	3	2	1	0
4.2.3	门窗及窗帘:玻璃明亮、无破损、无变形、无划痕、无灰尘	3	2	1	0
4.2.4	墙面:平整、无破损、无裂痕、无脱落、无灰尘、无水迹、无蛛网	3	2	1	0
4.2.5	天花板(包括空调排风口):平整、无破损、无裂痕、无脱落、无灰尘、无水迹、无蛛网	3	2	1	0
4.2.6	家具:稳固、完好,无变形、无破损、无烫痕、无脱漆、无灰尘、无污染	3	2	1	0
4.2.7	灯具:完好、有效,无灰尘、无污渍	3	2	1	0
4.2.8	盆景、花木:无枯枝败叶、修剪效果好,无灰尘、无异味、无昆虫	3	2	1	0
4.2.9	艺术品:有品位、完整,无褪色、无灰尘、无污渍	3	2	1	0
4.2.10	客用品(包括台布、餐巾、面巾、餐具、烟灰缸等):方便使用,完好,无破损、无灰尘、无污渍	3	2	1	0
	小　　计	117			
	实际得分:				
	得分率:(实际得分)/该项总分×100% =				

5. 其他服务项目

5.1	*会议、宴会服务	优	良	中	差
5.1.1	提供多种厅房布置方案,并有详细文字说明	3	2	1	0
5.1.2	各种厅房的名称标牌位于厅房显著位置,到厅房的方向指示标志内容清晰,易于理解	3	2	1	0
5.1.3	各厅房的灯光、空调可独立调控	3	2	1	0

续表

序 号	标 准	评	价		
5.1.4	有窗户的厅房配备窗帘,遮光效果好	3	2	1	0
5.1.5	厅房之间有良好的隔音效果,互不干扰	3	2	1	0
5.1.6	台布、台呢整洁平整、完好,无灰尘、无污渍	3	2	1	0
5.1.7	音响、照明、投影等设施提前调试好,功能正常	3	2	1	0
5.1.8	会议期间,及时续水,响应宾客需求	3	2	1	0
5.1.9	会议休息期间,摆正椅子,整理台面,清理垃圾	3	2	1	0
5.2	*健身房	优	良	中	差
5.2.1	营业时间不少于12小时,热情问候、接待	3	2	1	0
5.2.2	提供毛巾及更衣柜钥匙。有安全提示,提醒宾客保管贵重物品	3	2	1	0
5.2.3	温度合理、清洁卫生、感觉舒适、无异味	3	2	1	0
5.2.4	健身器械保养良好、易于操作,并配有注意事项,必要时向宾客讲解器械操作指南	3	2	1	0
5.2.5	照明、音像设施运行正常,照明充足、音质良好,备有饮水机与水杯	3	2	1	0
5.3	*游泳池	优	良	中	差
5.3.1	水深标记及安全提示清晰、醒目(在显眼处张贴当地安全法规,要在游泳池边上能清楚地看见游泳池深度标志)	3	2	1	0
5.3.2	游泳池周边保持清洁卫生、照明充足	3	2	1	0
5.3.3	水温适当,室内游泳池水温不低于25℃,水质洁净、无混浊	3	2	1	0
5.3.4	配备专职救生人员及相应救生设施	3	2	1	0
5.3.5	提供数量充足的躺椅,且位置摆放合理,保养良好。室外游泳池提供数量充足的遮阳伞,且保养良好	3	2	1	0
5.3.6	提供毛巾,并及时更换宾客用过的毛巾。应宾客要求提供饮品	3	2	1	0
5.4	*更衣室	优	良	中	差
5.4.1	天花板、墙面、地面保养良好,保持清洁,无破损、无脱落、无开裂、无污渍	3	2	1	0
5.4.2	通风良好、照明合理、更衣柜保持清洁,保养良好	3	2	1	0
5.4.3	淋浴间保持洁净,布置合理、方便使用,沐浴用品保持充足	3	2	1	0
5.4.4	提供洁净的毛巾,洗涤篮保持在未满状态	3	2	1	0
5.5	*商务中心、商店、休闲娱乐项目	优	良	中	差
5.5.1	商务中心应明示各项服务收费规定,员工业务熟练、效率高、质量好	3	2	1	0
5.5.2	商品部商品陈列美观、明码标价、质量可靠、包装精美,与饭店整体氛围相协调,结账效率高、准确无差错	3	2	1	0
5.5.3	休闲娱乐设施完好、有效、安全,无灰尘、无污渍、无异味	3	2	1	0
5.5.4	休闲娱乐项目热情接待、服务周到,外包项目管理规范	3	2	1	0
	小　　计	84			
	实际得分:				
	得分率:(实际得分)/该项总分×100% =				

序　号	标　　　准	评　　价			
	6. 公共、后台区域				
6.1	周围环境	优	良	中	差
6.1.1	庭院(花园)完好,花木修剪整齐,保持清洁	3	2	1	0
6.1.2	停车场、回车线标线清晰,车道保持畅通	3	2	1	0
6.1.3	店标(旗帜)、艺术品等保养良好,无破损、无污渍	3	2	1	0
6.2	楼梯、走廊、电梯厅	优	良	中	差
6.2.1	地面:完整,无破损、无变色、无变形、无污渍、无异味	3	2	1	0
6.2.2	墙面:平整,无破损、无裂痕、无脱落、无污渍、无水迹、无蛛网	3	2	1	0
6.2.3	天花板(包括空调排风口):平整,无破损、无裂痕、无脱落、无灰尘、无水迹、无蛛网	3	2	1	0
6.2.4	灯具、装饰物:保养良好,无灰尘、无破损	3	2	1	0
6.2.5	家具:洁净,保养良好,无灰尘、无污渍	3	2	1	0
6.2.6	紧急出口与消防设施:标志清晰,安全通道保持畅通	3	2	1	0
6.2.7	公用电话机:完好、有效、清洁	3	2	1	0
6.2.8	垃圾桶:完好、清洁	3	2	1	0
6.3	公共卫生间	优	良	中	差
6.3.1	地面:完整,无破损、无变色、无变形、无污渍、无异味,光亮	3	2	1	0
6.3.2	墙面:平整,无破损、无裂痕、无脱落、无灰尘、无水迹、无蛛网	3	2	1	0
6.3.3	天花板(包括空调排风口):平整,无破损、无裂痕、无脱落、无灰尘、无水迹、无蛛网	3	2	1	0
6.3.4	照明充足、温湿度适宜、通风良好	3	2	1	0
6.3.5	洗手台、恭桶、小便池保持洁净,保养良好,无堵塞、无滴漏	3	2	1	0
6.3.6	梳妆镜完好、无磨损,玻璃明亮,无灰尘、无污渍	3	2	1	0
6.3.7	洗手液、擦手纸充足,干手器完好、有效、方便使用,厕位门锁、挂钩完好、有效	3	2	1	0
6.3.8	残疾人厕位(或专用卫生间):位置合理,空间适宜,方便使用	3	2	1	0
6.4	后台区域	优	良	中	差
6.4.1	通往后台区域的标志清晰、规范,各区域有完备的门锁管理制度	3	2	1	0
6.4.2	后台区域各通道保持畅通,无杂物堆积	3	2	1	0
6.4.3	地面:无油污、无积水、无杂物,整洁	3	2	1	0
6.4.4	天花板(包括空调排风口):无破损、无裂痕、无脱落、无灰尘、无水迹、无蛛网	3	2	1	0
6.4.5	墙面:平整,无破损、无开裂、无脱落、无污渍、无蛛网	3	2	1	0
6.4.6	各项设备维护保养良好,运行正常,无"跑、冒、滴、漏"现象	3	2	1	0
6.4.7	在醒目位置张贴有关安全、卫生的须知	3	2	1	0
6.4.8	餐具的清洗、消毒、存放符合卫生标准要求,无灰尘、无水渍	3	2	1	0
6.4.9	食品的加工与贮藏严格做到生、熟分开,操作规范	3	2	1	0

续表

序　号	标　　　准	评　价			
6.4.10	有防鼠、蟑螂、蝇类、蚊虫的装置与措施,完好有效	3	2	1	0
6.4.11	各类库房温度、湿度适宜,照明、通风设施完备有效,整洁卫生	3	2	1	0
6.4.12	下水道无堵塞、无油污,保持畅通无阻	3	2	1	0
6.4.13	排烟与通风设备无油污、无灰尘,定期清理	3	2	1	0
6.4.14	垃圾分类收集,日产日清;垃圾房周围保持整洁,无保洁死角	3	2	1	0
6.4.15	员工设施(宿舍、食堂、浴室、更衣室、培训室等)管理规范,设施设备保养良好、整洁卫生	3	2	1	0
小　　计		102			
实际得分:					
得分率:(实际得分)/该项总分×100% =					
总　　分		600			
实际总得分					
总得分率					